儿童自律课

ERTONG ZILÜ KE

赵嘉敏 ◎ 编著

中国纺织出版社有限公司

内 容 提 要

面对孩子缺乏自律的行为，父母除了抱怨，似乎也没有其他更好的办法帮助孩子提升纪律性，更不可能金口玉言说出一句话就被孩子当成圣旨去遵守。为此，父母们都很苦恼。其实，孩子并非刻意针对父母，而是因为没有形成自律性，才会有这些不良的表现。

现实生活中，由于很多父母本身自律性不强，从而给孩子带来负面影响。在家庭生活中，孩子每天与父母朝夕相处，很容易受到父母的影响，还会主动模仿父母的行为。本书以亲子关系为基础，阐述了如何帮助孩子更好地形成自律性，如何助力和督促孩子养成良好的行为习惯，相信一定会对父母们有所帮助。

图书在版编目（CIP）数据

儿童自律课／赵嘉敏编著. --北京：中国纺织出版社有限公司，2022.7
ISBN 978-7-5180-8479-1

Ⅰ.①儿… Ⅱ.①赵… Ⅲ.①自律—青少年教育—家庭教育 Ⅳ.①G782

中国版本图书馆CIP数据核字（2021）第063843号

责任编辑：张 羽　　责任校对：王蕙莹　　责任印制：储志伟

中国纺织出版社有限公司出版发行
地址：北京市朝阳区百子湾东里A407号楼　邮政编码：100124
销售电话：010-67004422　传真：010-87155801
http://www.c-textilep.com
中国纺织出版社天猫旗舰店
官方微博http://weibo.com/2119887771
三河市延风印装有限公司印刷　各地新华书店经销
2022年7月第1版第1次印刷
开本：880×1230　1/32　印张：5.5
字数：123千字　定价：49.80元

凡购本书，如有缺页、倒页、脱页，由本社图书营销中心调换

前言

现实生活中，面对各种各样的诱惑，你的孩子是否会觉得无力抵抗？他们是否会有成瘾行为？例如，吃甜食成瘾，吃巧克力成瘾，或者是最常见的玩手机成瘾、玩网络游戏成瘾。不管孩子对哪种行为成瘾，这都意味着他们对自己失去了控制，也正是因为如此，父母在发现孩子出现成瘾现象的时候，才会那么抓狂。

近些年来，孩子因为成瘾导致做出极端行为的事例很多。其实孩子之所以成瘾，是因为他们缺乏自律。如果说成瘾是比较严重且极端的情况，那么孩子拖延完成作业，上课不能遵守课堂纪律，不能认真听讲，则是父母普遍的焦虑原因。

孩子缺乏自律，不但会给身边的人带来很多麻烦，最重要的是他们会消耗自身的很多能量，在面对成长过程中的困境时，他们也就不能有好的表现。作为父母，当然希望孩子拥有自控力，然而这件事情可不是以父母的主观意志为转移的。父母要想培养孩子的自控力，让孩子形成自律性，就要在很多方面做好准备，例如要了解孩子的身心发展规律，要知道孩子的性格表现特点，要洞察孩子行为背后隐藏的心理原因和心理需求，要能够把话说到孩子的心里去……千头万绪，细枝末节，任何方面做得不到位，父母就不能成功地培养出孩子的自律，让孩子从本质上发生改变。

常言道，人最大的敌人就是自己。这不是因为人愿意与自己为敌，而是因为人很容易向自己投降。在这个世界上，说服自己是最难也是最容易的事情。当我们愿意与自己和解，一切就都迎刃而解；当我们坚持与自己较劲，哪怕我们与全世界的人为伍，也无法说服自己。这就是人心的神奇之处。

作为父母，还要给孩子树立好榜样。太多的父母在家庭生活中采取双重标准，淋漓尽致地表现出宽以待己、严于律人的品质。他们一味地说教孩子，而从未想过自己作为父母是否对孩子施加了积极的影响力。

大千世界，无奇不有，诱惑更是无处不在。很多成人尚且不能管理好自己，更何况是孩子呢？作为成人，管好自己很难。管好孩子，尤其是要激发孩子的内部驱动力，使孩子形成长久的自我管理和自我约束的能力，就更是难上加难。

古今中外，很多成功者都有自律的品质。自律的品质并非与生俱来的，而是在后天成长的过程中渐渐形成的。良好的自律习惯，将会让孩子受益无穷，也会让孩子拥有强大的内心，充满积极的力量。越是自律，孩子就越是自由，越是自律，孩子就越是强大！

编著者

2021年12月

目录 MULU

上　篇　需重视儿童自律的养成　‖ 001

第一章　养成自律习惯，越早开始受益越多　‖ 003

004　　自律是受益一生的好习惯
006　　自律让人生惊喜不断
008　　培养生活好习惯
010　　做好该做的事情
013　　做个小小社交家

第二章　学会做好规划，有自控力的孩子有出息　‖ 017

018　　玩好，也要学好
021　　和榜样共同进步
023　　放手，让孩子更自立
025　　设定完成目标的时间
028　　坚持自律，畅享自由

第三章　加强自律训练，让自律成为一种习惯　‖ 031

032　　帮助孩子戒掉拖延

034 ○ 营造环境，让孩子保持专注

037 ○ 让孩子拥有强大的内心

039 ○ 适度奖励，才能激励

042 ○ 真正自律的人才有仪式感

第四章 规律生活作息，把控电子产品 ‖ 045

046 ○ 不让使用电子产品成瘾

049 ○ 发挥App的正当用途

051 ○ 与手机保持距离

054 ○ 你知道如何管理家庭网络吗

056 ○ 网络视频，不可不防

下 篇 四周成就自律好习惯 ‖ 061

第一周 好习惯成就健康未来 ‖ 063

064 ○ Day 1 早起的魔力

067 ○ Day 2 不挑食、不贪吃

071 ○ Day 3 讲究个人卫生

073 ○ Day 4 生命在于运动

077 ○ Day 5 多喝白开水最解渴

081 ◆ Day 6　周末课程之一：遵守公共秩序
084 ◆ Day 7　周末课程之二：言辞恳切，待人谦和

第二周　学习好习惯，铸就小英才 ‖ 087

088 ◆ Day 1　主动完成作业
091 ◆ Day 2　今日事，今日毕
095 ◆ Day 3　劳逸结合，动力持久
099 ◆ Day 4　认真仔细，一步到位
102 ◆ Day 5　独立思考，不迷信权威
106 ◆ Day 6　周末课程之三：坚持阅读，开阔眼界
110 ◆ Day 7　周末课程之四：引导用好电子产品，为学习助力

第三周　社交好习惯，处处受欢迎 ‖ 115

116 ◆ Day 1　懂文明讲礼貌，处处受欢迎
120 ◆ Day 2　乐于分享，快乐倍增
124 ◆ Day 3　赠人玫瑰，手有余香
128 ◆ Day 4　学会拒绝，不刁难自己
132 ◆ Day 5　学会为他人着想
135 ◆ Day 6　周末课程之五：三明治批评法
139 ◆ Day 7　周末课程之六：赞美的艺术

第四周　情绪好习惯，打造高情商　|| 143

- 144　Day 1　着眼大局，掌控情绪
- 146　Day 2　心怀宽容，减少焦虑
- 150　Day 3　与自我和解，缓解抑郁
- 154　Day 4　充满勇气，主宰未来
- 157　Day 5　按下暂停键，保持好情绪
- 161　Day 6　周末课程之七：恐惧是上古情绪
- 164　Day 7　周末课程之八：冲动是魔鬼

参考文献　|| 168

上篇

需重视儿童自律的养成

第一章

养成自律习惯，越早开始受益越多

习惯的力量非常强大。当面对生活琐事的时候，很多孩子都会有手足无措的感觉，但是一旦养成了良好的生活习惯，他们就会顺理成章、按部就班地完成这些事情，不但可以做到保质保量，还能保证效率。所以父母与其每天都跟在孩子后面唠叨和督促孩子，还不如注重培养孩子良好的自律习惯，只有这样才能达到一劳永逸的效果。

自律是受益一生的好习惯

星期一早晨,乔丽刚刚到学校就接到了通知,说要对学生们进行抽考。所谓抽考,就是预先没有通知,不给孩子们准备的时间,就对孩子们进行考核。作为老师,乔丽心中不由得忐忑起来,这是因为班级里大多数孩子都属于临时抱佛脚型的,一旦遇到这样的考试,他们肯定会原型毕露。

果不其然,考试成绩出来了,只有班级里稳居第一的静静依然获得了好成绩,其他孩子在这次考试中不仅仅烤糊了,还被烤焦了。大多数孩子和正常的考试相比都少考了十几分、二十几分,有些孩子甚至下降了几十名。尽管孩子们这样的表现在乔丽的意料之中,乔丽还是略感失望。

在这个事例中,静静之所以不惧怕抽考,而且在抽考中还保持了稳定的成绩,就是因为她在学习上自律。静静有这样的自律性,将来有朝一日哪怕走出了校园,走入了工作单位,相信她也依然能够有出类拔萃的表现。

古今中外,每一个有所成就的人,都是坚持自律的人。大文豪鲁迅先生曾经说过,哪里有什么天才,我只是把别人喝咖啡的时间用来读书写作而已。鲁迅先生一生之中以笔为枪,著作等

身。他之所以能够做出如此伟大的成就，就是因为他的自律。

小时候，鲁迅经常需要去当铺当钱，给爸爸买药。有一次，鲁迅因为去了当铺又去药铺，上学迟到了，为此，他在三味书屋的课桌上刻下了一个早字。从此之后，他不管面对怎样的困难都再也没有迟到过。这样的自立精神，促使鲁迅先生虽然在一生之中饱经磨难和坎坷，但是却从来没有放弃自我。

自律之所以重要，是因为自律会影响孩子的一生。如果孩子在小时候就养成了自律的好习惯，那么在成长的过程中，不管面对多么艰难的事情，他们都能克服困难，都能够坚持不懈。最重要的是，当孩子认为自律是理所当然的事情，他们就不会以自律为辛苦，反而能够激发出自己内在的潜能，让自己始终坚持做出更好的表现，也创造更充实精彩的人生。

自律让人生惊喜不断

初中毕业后,娜娜没有考上重点高中,因而选择就读师范学校。当时,师范学校中有五年一贯制的学习模式,即初中考入师范学校之后要进行为期五年的学习,毕业的时候将会取得大专文凭。不过娜娜并没有感到满足,她一直有一个大学梦,她想圆了自己的大学梦。

娜娜多方打听得知在读大专期间就可以开始进行自学考试,只要考过所有的科目,在本科毕业前拿到专科文凭,就可以顺利地本科毕业。

她当即就报名参加了自学考试。娜娜读的中文专业有20多门课程，每一门课程都需要通过纯自学的方式完成。借助于在学校读书的机会，娜娜一边学习学校的课程，一边坚持进行自学考试。在此过程中，她养成了自学的好习惯。经过了五年的努力，娜娜终于在专科毕业两年后完成了自学考试，顺利地拿到了本科毕业证。这个时候娜娜已经工作了两年，积累了一定的工作经验，又获得了本科毕业证，可谓如虎添翼。

自律往往会给人带来惊喜，那些坚持自律的人，更是会在不经意间就获得意外的收获，这并不是从天而降的好事，而是他们坚持自律得到的回报。就像事例中的娜娜，她觉得自己被保送的希望很渺茫，当机立断就开始了自学本科的课程。虽然中文本科自学的科目很多，但是娜娜利用上学的时间和参加工作之后的时间始终坚持学习，正是因为如此，她才能够迎来三喜临门。

一个自律的人不但会改变自己，而且会改变别人。举例而言，在家庭生活中，如果爸爸妈妈非常自律，那么孩子就会养成自律的好习惯。如果爸爸妈妈生性懒散，随心所欲，那么孩子往往没有规矩，不能严格地管理自己。

一个人要想拥有惊喜不断的人生，就必须坚持自律。父母在教育孩子的过程中，更是要从孩子小时候就有意识地培养孩子的自律精神，切勿等到孩子形成自由散漫的个性再去约束和管教孩子，这个时候就为时已晚了。虽然孩子长大了，父母也能够尝试着改变孩子的性格和行为,但是却会在此过程中与孩子发生各种矛盾冲突,导致亲子关系紧张。与其如此,父母不如及早地帮助孩子树立正确的观念,注重培养孩子的自律精神,这对于孩子而言何尝不是一种幸运呢?

培养生活好习惯

浩浩小时候和爷爷奶奶在一起生活,因为爸爸妈妈都出去打工了,每年只有到春节的时候才会有几天的时间和浩浩一起过春节,这使得浩浩的许多糟糕的生活习惯没有被及时矫正。到了浩浩该上一年级的时候,爸爸妈妈把浩浩接到身边,让浩浩在他们工厂的附近的小学里上学。没想到的是,浩浩到了爸爸妈妈身边之后,爸爸妈妈感到很不习惯,他们既为浩浩长大了感到高兴,也为浩浩的很多坏习惯而感到烦恼。

每天妈妈做完了饭菜摆在桌子上,浩浩放学回到家里不洗手就开始吃饭,还用手捏盘子里的饭菜吃呢。妈妈几次三番提醒浩浩要和全家人一起吃饭,而且要先洗手才能吃饭,但是浩浩却对此不以为然。

浩浩有很多蛀牙,这是因为浩浩从小就不喜欢刷牙,爷爷奶奶也都不管他。虽然爸爸妈妈给浩浩买好了牙刷牙膏,但是因为他们不在浩浩身边生活,没法督促浩浩,爷爷奶奶又不注重浩浩的口腔卫生,所以浩浩刷牙三天打鱼,两天晒网,最终满口的牙都被蛀掉了。

不良的生活习惯一旦养成,就会在生活中扎下根来,变得顽固。这个时候,我们再想戒除这些坏习惯,就难上加难。事例中,浩浩之所以恶习难改,就是因为他在六岁之前一直和爷爷奶奶生活在一起,对很多事情都已经形成习惯了。又加上爷爷奶奶的观念非常迂腐,没有对浩浩加以正确的引导,所以浩浩就更理直气壮地坚持坏习惯。

儿童青少年犯罪心理学家李玫瑾教授曾经提出,孩子在零到六岁期间一定要和父母一起生活。这是因为他们虽然还年幼,甚至还不记事,但是这个阶段恰恰是他们与父母之间形成依赖感,获得安全感的重要时期。如果孩子在这个阶段内不能和父母一起生活，内心的情感就会出现空缺，心理发展也会扭曲，性格发展不完善。因而父母一定要克服一切的困难陪伴在孩子的身边，这样除了能够让孩子获得安全感、满足孩子的情感需求之外，最重要的是还能够每时每刻都看到孩子。当孩子有不良的生活习惯时，父母也能够及时为孩子指出错误，这对于孩子的健康成长是至关重要的。

做好该做的事情

最近这几年来，网络上流行着很多关于孩子完成作业的段子，这些段子都非常搞笑，却也说出了大多数老父老母的心声。很多父母在辅导孩子写作业或陪伴孩子写作业的过程中，不是气得高血压犯了，就是气得心脏病犯了，甚至有些人直接气得进了医院。这是为什么呢？一则是因为孩子不能专注认真地完成作业，二则是因为孩子在写作业的时候常常磨磨蹭蹭，三则是有些孩子压根不愿意写作业，哪怕父母再三催促他们，他们也听若未闻。这样一来，父母难免会火冒三丈，甚至对孩子歇斯底里，还有些父母因为脾气急躁，甚至会对孩子动手。在这样的情况下，家庭中原本应该温馨美好的夜晚时光就会变得非常紧张。不仅孩子因此而提心吊胆，就连父母也会觉得特别崩溃，甚至认为生活没有办法继续下去了。

亲子之间很有必要进行换位思考，尤其在亲子关系中作为主导的父母，更是应该站在孩子的立场上，以孩子的视角看待问题。很多父母都觉得孩子顽皮淘气，不愿意写作业，非常懒惰。他们却从来没有感受到孩子内心的彷徨和无助，有些孩子在学校里因为表现不佳被老师批评，刚刚进入家门正想向父母寻求安慰呢，却又被批父母劈头盖脸地一顿数落。当孩子遇到这样的情况，他们当然会感到非常委屈，也就不愿与父母沟通了。

父母在和孩子沟通的时候，虽然不用真的蹲下来让自己的

视线与孩子的视线保持持平，但是在心理上父母应该把自己想象成孩子，放低自己在心理上的高度，做到和孩子真正平等地沟通。孩子有整个晚上的时间可以写作业，早几分钟写或者晚几分钟写并没有关系，与其催促着孩子提早几分钟完成作业，不如给孩子十分钟休息的时间，让孩子回到家里之后能够舒适地坐在沙发上喝一杯牛奶，或者是吃几口水果，这样孩子的心情得到了平复，他们写作业就会更加愉快和高效。

在孩子写作业的时候，父母还要注重帮助孩子养成良好的习惯。首先，当孩子遇到难题的时候，父母不要帮助孩子解决难题，而要引导孩子进行独立思考。如果孩子的确想不出来问题的答案，那么父母可以启发孩子的思路，但不要代替孩子解决难题。

其次，在写作业的过程中应该保持专注。有些孩子在写作业的时候一会儿玩玩铅笔，一会儿玩玩橡皮，有的时候喝牛奶，有的时候吃水果，这会大大降低他们写作业的质量，也会延长他们写作业的时间。

再次，孩子写完作业之后，父母应该教会孩子将书桌恢复原样。所谓恢复原样，就是恢复成写作业之前干净整洁的样子。很多孩子在写完作业之后，书桌就像遭到了轰炸一样变得乱七八糟，父母却毫无怨言地帮助孩子收拾。那么，你能每时每刻跟在孩子身边收拾书桌吗？这是不可能的。孩子只有保持生活的整洁有序，将来长大之后才能让生活秩序井然。如果父母从小培养孩子这样的好习惯，孩子就将一生受益。

最后，让孩子养成自己的事自己做，今日事今日毕的好习惯。很多孩子之所以拖拉，是因为他们不愿意开始做某件事情，或者是担心不能取得预期的结果而退缩。在这样的情况下，父母不要因为孩子做得不好或者遭遇失败就批评和指责孩子，而要多多鼓励孩子，让孩子形成自信心。帮助、鼓励孩子坚持做好自己的事情，坚持做完当日的事情，这样孩子才能充实地度过每一天。

做个小小社交家

自从推行独生子女政策以来，现实社会中的小公主、小霸王越来越多，这是因为他们已经形成了对父母的依赖性。他们的爸爸妈妈本身也是独生子女，这样就形成了独特的4-2-1家庭结构。全家人都看守着这一棵小小的独苗，恨不得把天上的星星、月亮都摘给他们，不管他们有什么需求，父母和长辈都会无条件地满足他们。渐渐地，孩子习惯了在家庭生活中骄纵任性，很少和同龄人交往，生活越来越闭塞，他们越来越自我。

这样的孩子有朝一日走上社会之后，因为过于任性和霸道，很难得到他人的欢迎。作为父母，为了培养孩子的社交能力，应该有意识地提供机会让孩子与同龄人交往。例如，平日里可以带着孩子在小区的公园里玩耍，让孩子与邻居家的同龄孩子一起玩耍，或者是在节假日的时候带着孩子去亲戚朋友家里一起聚餐聚会，让孩子和亲戚朋友家里的孩子多多相处。

有些孩子表现得非常内向，每当出门看到陌生人的时候他们就很害羞。这样的行为明显是因为从小缺乏与人交往的经验。当发现孩子出现这样的行为特点时，父母一定要及时带着孩子走出家门，鼓励孩子多多与人相处。在有机会的情况下，也要带着孩子去一些公共场合，教会孩子主动和他人打招呼，或者是让孩子在他人面前展示自己，这样才能锻炼孩子的胆量，减轻孩子害羞的表现。

当然，并不是每个孩子都适合这样的培养。父母在发展孩子的社交能力时，应该根据孩子的性格特点选择恰当的方式，而不要对所有的孩子都提出同样的要求。例如，对于那些性格外向的孩子，他们本身就非常活泼，父母可以让他们注重礼貌，有所收敛，避免给他人带来尴尬；对于那些本身性格内向的孩子，父母则要以鼓励为主，哪怕孩子做得不太好，父母也不要批评孩子。只要孩子能够勇敢地迈出与人交往的第一步，这就是很大的成功。对于那些任性霸道的孩子，父母则要提前给他们打好预防针，告诉他们与人相处的原则就是尊重他人、谦让他人，否则就会被他人排斥。

在孩子与人交往的过程中，当孩子与他人之间发生矛盾的时候，父母一定要把握一个原则，那就是不要随意介入孩子之间的矛盾和纠纷。很多父母都有护犊子的心理，当发现自家孩子受欺负或者是受到委屈的时候,父母往往会忍不住要代替孩子去争取一些利益。这对于孩子的成长而言是极其不利的,因为父母不可能代替孩子一辈子,也不可能保护孩子一辈子。在这种情况下,明智的父母要教会孩子如何处理矛盾。他们会先观察孩子如何处理矛盾,如果发现孩子的确不知道怎样处理,父母总会给予孩子一定的指导。在此过程中所遵循的总体的原则是既不要偏向自家孩子,也不要偏向别人家的孩子,而是要本着公平公正的原则,让孩子们学会处理类似的情况,这才是父母教育和引导孩子的正确方法。

第二章

学会做好规划，有自控力的孩子有出息

俗话说，凡事预则立，不预则废。孩子在做很多事情之前，如果能够先制定详细周密的计划，并且在执行计划的过程中严格遵守，排除外界的所有干扰，即使遇到困难，也能够迎难而上，持之以恒地做好自己的事情，那么最后就一定能够获得成功。自控力是孩子非常优秀的品质，对于父母而言，培养孩子的自控力是教育的重中之重。

玩好,也要学好

父母毫无疑问占据着亲子教育之中的主导地位。对于还没有成年的孩子来说,父母以怎样的方式对待他们,孩子是不能够决定的。为此,孩子就会以各种积极、消极或者对抗的方式应对父母。正因为如此,孩子与父母之间的关系才会变得要么亲密无间,要么剑拔弩张。很多父母都常常抱怨自己生的不是孩子,而是祖宗。其实如果父母能够转变心态,以正确的教育

观念教育孩子，采取有效的教育方法对待孩子，那么孩子不但能够玩好，还能学好，从而成长得非常快乐且充实。

想做到这一点，最重要的就是提前做好规划。如果没有规划，孩子不管学习还是玩耍，都会像没头苍蝇一样很难达到预期的效果。如果孩子没有规划的能力，那么父母就要为教育孩子制订计划，而不要总是以错误的方式给孩子施加巨大的压力，这样只会事与愿违。

小欣才上小学三年级，就已经在外面报了八九个班，这八九个班都是父母给他报的，有语文、数学、英语、奥数，还有练字等。对于这些班，小欣都不想上，但是父母却强求他必须上，这使小欣在周末的时候疲于赶场。周六一天，他就要去五个地方上课，周日也得不到休息，还要去三个地方上课，这导致他用于写完成学校作业的时间少之又少，所以他的作业写得非常潦草，他也总是敷衍了事。

周一上午正在上课呢，小欣居然趴在桌子上呼呼大睡。老师原本就对小欣写作业敷衍了事的行为心怀不满，现在看到小欣公然在课堂上睡觉，气得当即打电话通知小欣的爸爸妈妈马上来学校面谈。

在老师的引导下，爸爸妈妈才意识到，对于年幼的小欣来说，这样高强度的学习有多么辛苦，再加上小欣近视眼的度数不断增加，更是让爸爸妈妈非常担忧。老师说："要想预防孩子近视眼，只给孩子配好眼镜是不够的，还要让孩子经常进行户外活动，多看远处，这样孩子的眼睛才能得到休息和保护。孩子现在才上三年级，你们有必要这么急吗？未来孩子还有那么长的学习道路要走，如果你们始终这样焦虑，压迫孩子，只怕只会事与愿违吧。我建议你们还是认真地想一想应该如何教育孩子，也要规划好孩子的学习和生活，否则孩子玩也玩不好，学也学不好，现在上课就在睡觉，将来学习压力更大，岂不是更要睡觉了吗？不得不说，这都是你们造成的。"

在老师的一番教训之下，小欣的父母进行了深刻的自我反思。他们意识到，如此透支小欣的时间精力和体力是不行的。后来，他们又咨询了教育专家，得知像小欣这么大的孩子就应该多多玩耍，这样才能身心健康。妈妈当即立断为小欣退掉了七个课外班，只留下了小欣喜欢的绘画和书法。

随着玩耍的时间更多，小欣在学习上的状态反而越来越好。他上课再也不睡觉了，作业的质量也有所提升，爸爸妈妈得知小欣有了这么好的转变，都感到非常欣慰。

作为父母，切勿再把玩耍跟学习完全对立起来。只要能够做好规划，孩子完全可以一边玩一边学。最重要的是，父母要帮助孩子进行合理安排，充分利用时间，按照既定的计划做好每一件事情。规划的力量是很强大的，当我们有规划的时候，就可以按照规划按部就班地推进事情向前发展；如果我们没有规划，那么就会感到非常迷惘，特别是在遇到突发情况的时候，我们往往因为缺少规划的指引而手忙脚乱，不知道如何处理。在这样的状态下,还谈何享受自由的权利呢?

和榜样共同进步

作为父母,当发现孩子的成长失去目标和方向,动力不足的时候,就应该引导孩子去寻找榜样,也要引导孩子向榜样学习。如果孩子不能在身边的人中找到这样的榜样,那么父母还可以为孩子讲述一些名人的故事,把名人的光辉事迹讲给孩子听,使孩子对名人产生崇拜心理,这样孩子就会把名人作为自己的榜样,把名人作为自己成长道路上的一个标杆。

三年级，佳佳转移到爸爸工作的城市读书，因为离开了熟悉的老师和同学，佳佳感到非常寂寞，每天放学之后他都一个人独来独往。有的时候作业上有不会的地方，他也没有同学可以沟通。看到佳佳孤独的样子，妈妈很担心。妈妈和爸爸商量之后决定为佳佳找一个好朋友或者好榜样，那就是爸爸同事的女儿豆豆。豆豆是一个非常优秀的小女孩，巧合的是她和佳佳是同班同学。

为了给佳佳创造机与豆豆接触，妈妈特意举行了一个小型家庭宴会，邀请了豆豆全家参加，还邀请了爸爸的另外一个同事全家参加。得益于这个机会，佳佳和豆豆突然从陌生的同学变成了熟悉的朋友，又因为他们的爸爸是同事，所以他们之间的关系更加亲近。每天上学放学，豆豆都和佳佳结伴而行。每当佳佳在学习上遇到难题的时候，就会主动向豆豆请教。看到两个孩子互相帮助，互相促进，妈妈感到欣慰极了。

在转学之后的第一次期中考试中，佳佳在班级里排名20几名，豆豆在班级里排名前十名。看到豆豆的成绩如此优秀，妈妈趁势引导佳佳说："佳佳，你看，豆豆的学习成绩非常好，其他方面发展得也很全面。现在你和豆豆是好朋友，妈妈和爸爸都希望你能够多多向豆豆学习，相信你的排名一定也会稳步上升。现在成绩差一点没关系，毕竟是因为你刚刚转学过来有很多的不适应，妈妈相信，下一次你适应了这个学校的学习，而且能够经常向豆豆请教，你的成绩一定会越来越好的。"因为得到妈妈的鼓励，佳佳的信心越来越强，他对爸爸妈妈说："放心吧，我一定会以豆豆为榜样努力学习的。"

父母本身也可以成为孩子的榜样。所谓榜样，不一定是要在学习方面比孩子强，孩子的成长是立体全面的，如果某个小朋友在其他方面做得非常好，孩子也可以学习这个小朋友的优势。例如，有的孩子特别擅长体育，跑步很快，那么孩子就可以向他学习跑步，向他请教如何能跑得更快；如果有的孩子特别喜欢绘画，画的画栩栩如生，那么可以让孩子向对方请教怎样运笔，怎样配色。古人云，三人行，必有我师，对于孩子而言也是如此，每个人既有优点也有缺点，既有长处也有不足，我们只有怀着谦虚的心态，多多向他人求教，才能获得更快的进步。

放手，让孩子更自立

一直以来，妈妈都乐此不疲地为小雨制定学习目标。她为小雨制定的学习目标非常远大，小雨即使拼尽全力，距离目标也很遥远。这使小雨非常沮丧，他不止一次地对妈妈说："我根本达不到你的要求，你还是不要痴心妄想了。"看到小雨自暴自弃的样子，妈妈特别生气，总是质疑小雨为何没有信心。

一个偶然的机会，妈妈在听了教育专家的讲座之后，意

识到自己给小雨制定的目标太过远大，也意识到小雨已经长大了，可以自己为自己确立目标了，这样才能得到激励。妈妈回到家里之后对小雨说："从现在开始你要自己制定目标了。我想，你可以为自己确立一个合适的目标。"

听了妈妈的话之后，小雨开心极了，他说："那我就放弃你那个远大的目标，我只想在下次考试的时候前进三名，而不是前进二十名。"这次，妈妈没有批评小雨缺乏信心，反而很支持小雨，说："如果你真的能前进三名，妈妈认为这也是很大的成功。我们不可能一口吃成胖子，慢慢来。"听了妈妈的话小雨很惊讶，因为妈妈此前常常会不切实际地激励他，很少这样脚踏实地地给他时间去争取进步。

拥有了自主权的小雨为自己制定了一个小小的目标。在又一次考试中，他果然实现了自己的目标，这让小雨欣喜万分。他当即又为自己定下了前进五名的目标，这一次他明显信心增强，而且说自己一定要实现目标。

在漫长的人生中，每个人都会面对各种各样的目标，也会拼尽全力地实现各种各样的目标。如果目标太过远大，那么即使拼尽全力也依然觉得遥遥无期，目标也就无法对人起到激励的作用。我们只有设定一个自己通过掂脚尖就能够实现的目标，才能促使自己努力地争取获得小小的进步。虽然这样小小的进步不会让我们在一时之间就有质的飞跃，但是不积跬步无以至千里，当我们始终坚持一次又一次地获得进步时，就会实现从量变到引起质的飞跃。

设定完成目标的时间

有些父母在给孩子设立目标或者引导孩子设立目标之后，就认为自己已经完成了任务，于是就把这件事情置之脑后，只等着孩子实现目标，和孩子一起分享成功的喜悦。实际上，当父母这么做的时候，就意味着孩子距离真正目标的实现越来越远，这到底是为什么呢？

因为孩子的自控能力是有限的,通过奋斗来实现目标的过程无疑是非常辛苦的,会让孩子畏缩和胆怯。尤其是在实际奋斗的过程中,遇到困难的时候,孩子更会想要放弃。在这种情况下,如果父母不能始终给孩子积极的推动力,那么孩子就有可能出现退步,所以父母在给孩子设定目标或者是见证孩子设定目标之后,接下来就要为孩子限定完成目标的时间,这样孩子才能始终保持实现目标的热情,切实地展开行动,让自己距离目标越来越近。

正如人们常说的,哪怕努力思考100次,也不如真正地展开行动一次。对于所有的人来说,光说不动是不可能距离目标越来越近的。设定时间恰恰能够给予孩子一定的紧迫感,让孩子知道他们只有马上展开行动,才有可能实现自己的目标,这样

就有效避免了孩子对目标的搁置。当孩子习惯在想好了之后马上去做时，他们就会具有很强的执行力。在此过程中，父母应该作为监督者随时跟进孩子执行的情况。如果只是督促孩子行动，却不考察结果，那么孩子在行动的过程中就很有可能会把目标大打折扣。

如果孩子在展开行动的过程中遇到困难，父母不要因为着急就批评或者训斥孩子，而要帮助孩子分析导致失败的原因是主观因素还是客观因素。如果是客观因素，那么父母就要帮助孩子清除障碍；如果是主观因素，父母则要给予孩子更多的支持和帮助，也要始终坚持鼓励孩子。

此外，父母还要给孩子树立积极的榜样。孩子的模仿能力是很强的，如果他们看到父母在做一些事情的时候常常畏缩胆怯或者不战而降，那么他们就会受到父母消极的影响。在这种情况下，如果父母能够表现出英勇无畏的样子，给孩子以积极的影响力，那么孩子就会表现得更好。

最好能够预估出做完这件事情需要的合适时间，然后在此基础上再多留出一点点时间，以应对意外发生的情况。这样时间就是相对宽松的，既能够起到激励的效果，又不至于给人以过强的紧迫感，使人承受过大的压力。在这样的情况下，孩子也能够最大限度发挥自己的能力，表现得更好。

坚持自律,畅享自由

毋庸置疑,和随心所欲地想做什么就做什么相比,坚持自律要求孩子必须付出更多的努力。人的本能就是趋利避害,每个人都希望自己能够享受安逸的生活,而不愿意强迫自己去做很多耗费时间和精力的事情。在这样的情况下,孩子们往往会逃避自律。如果缺乏外界的力量去督促,他们甚至会放弃自律。那么,要想让孩子养成自律的好习惯,父母就要激发孩子的内部驱动力,促使孩子坚持自律。当自律扎根在孩子的人生中,就会让孩子受益无穷。

所谓自律,就是对自身进行管理,以一定的标准和行为规范要求自己的言行举止必须达到某种标准。由此可见,自律是

人有意识地进行自我管理。在自律的过程中，还要学会承担责任，为自己的错误负责。由此可见，自律的确是会使人感觉到失去自由，但是在这个世界上没有人能够享受绝对的自由。既然我们一定要遵守规则，与其被动地遵守规则，何不主动地遵守呢？父母要教会孩子主动地在各个方面都遵守规则，从而获得更大的自由。

自律是在后天成长的过程中渐渐养成的。具体来说，父母要做到以下几点：

首先，父母要成为孩子的榜样。在家庭生活中，如果父母的行为自由散漫，不能做到主动遵守规则和制度，那么孩子就会模仿父母，也不愿意管理好自己。所以父母要想帮助孩子养成自律的好习惯，首先要规范自己的言行，坚持遵守规矩，这样才能给孩子树立积极的榜样。

其次，父母要遵守社会的规则，尤其是要引导孩子遵守公共规则。在现实生活中，很多人都不愿意遵守社会规则，这是因为他们认为遵守社会规则会限制自己的自由。实际上，整个社会就像一架庞大的机器，之所以能够保持良好的运转，正是得益于每个社会成员都主动遵守规则。如果所有的社会成员都盲目地破坏规则，那么就会导致社会秩序陷入混乱的状态之中。

再次，在家庭生活中，父母要为孩子制订规矩，并且要让孩子知道只有遵守规矩才能享受更大的自由。孩子之所以不愿意管理自己，就是因为他们不想被条条框框束缚住，因此要让孩子认识到只有自己主动遵守规则才能获得更多的自由，他们就会从被动自律到主动自律，这样一来，他们就拥有了源源不断的动力去坚持自律。

最后，在为孩子制定各种规矩的时候，如果孩子心生抵触和抗拒，父母可以换一种方式，不要公然地命令或者训斥孩子，而应该把制定规矩的主动权交还给孩子，邀请孩子一起制定规则。父母还可以让孩子为家庭生活提出建议，只要孩子的建议是合理的，那么父母就应积极地采纳。在此过程中，孩子会形成小主人意识，把自己当成家庭的主人，对自己和整个家庭都负起责任。可想而知，他们的自律性当然会越来越强。

第三章

加强自律训练，让自律成为一种习惯

当自律成为一种习惯，这种习惯会伴随着孩子的一生，让孩子终身受益。当然，让自律成为习惯扎根在孩子的生命历程中，这并不是一件简单容易的事情。父母要想做到一这一点，就要每时每刻关注孩子的成长，引导孩子积极主动地制定详细周密的计划，确立远大的目标，最重要的是要督促孩子及时采取有效的措施，推动计划变成现实。只有在反复练习中，自律才能作为习惯固化下来，与孩子相伴一生。

帮助孩子戒掉拖延

面对孩子的拖延，父母的反应是截然不同的。有的父母看到孩子拖延，会代替孩子去做一些事情，尤其是当这些事情并不需要孩子亲自完成的时候，父母更是对孩子全权代劳；有的父母看到孩子拖延会对孩子歇斯底里，也许刚开始的时候这样的怒吼会有一点点效果，但是随着时间的流逝，随着父母怒吼的次数越来越多，孩子往往会把父母的河东狮吼当成耳边风；有的父母在发现孩子拖延也不能把事情做好之后，索性不再为孩子安排任何任务，凡事亲力亲为。渐渐地，孩子的依赖性越来越强，他们什么事都不愿意做，因为他们知道父母会为他们做好一切事情的。

实际上，上述这些对待孩子拖延的方法都是不理性的，而且往往会让孩子越来越拖延。明智的父母知道，对于孩子的拖延，正确的措施不是催促孩子，而是正面引导孩子提高效率。如果孩子很喜欢得到表扬，那么就以表扬来激励孩子；如果孩子害怕受到惩罚，那么也可以为孩子制定规矩，告诉孩子在表现好的情况下会有怎样的奖励，在表现不好的情况下又会受到怎样的惩罚，从而让孩子做到心中有数。最重要的是，父母不要给孩子贴标签。看到拖延的孩子,父母往往忍不住在生气失望愤怒之余给孩子贴上负面标签。父母不知道的是,孩子对父母非常信任,由于孩子缺乏自我评价能力,所以他们会把父母的评价作为自我评价。如果总是给孩子负面的评价,孩子对自己的评价就会越来越低,甚至还会产生自暴自弃、破罐子破摔的想法。

对于孩子的拖延行为,父母一定要分析真正的原因。孩子有自己成长的节奏,他们的成长速度原本就是非常慢的,父母要区分孩子正常的慢速和拖延的区别。大多数孩子并没有明确的时间观念,他们并非故意拖延,而是因为对于时间的流逝不能敏锐地感觉到,所以才会在不知不觉间减慢速度。也有的孩子之所以拖延,是因为他们在以消极的方式反抗。很多孩子

都依赖父母而生存，面对父母发号施令，他们没有底气与父母对抗，却又不愿意按照父母的安排去做自己不喜欢的事情，所以就以拖延的方式试图逃避。父母要弄清楚孩子拖延的真正原因，如果孩子对父母安排的事情非常抵触，那么父母也可以换一种方式与孩子沟通，做通孩子的思想工作，或者放弃强求孩子做讨厌的事情，让孩子做他们喜欢的事情。还有的孩子喜欢拖延，是因为他们已经养成了拖延的坏习惯。为了帮助孩子加快速度，增强孩子的紧迫感，父母可以为孩子限定时间。例如，要求孩子必须在多长时间内完成特定的任务，这样就能够使孩子产生紧迫感，让孩子主动加快速度。

营造环境，让孩子保持专注

孩子的专注力有限，而且保持专注的时间很短，父母要想让孩子集中注意力，就一定要为孩子营造良好的环境。举例来说，很多父母会在孩子晚上写作业的时候看电视，电视机发出声音的时候搅得孩子心神不宁，孩子又因为听到声音看不到画面而感到非常好奇，所以就会忍不住跑过来和父母一起看电视。退而言之，即使在孩子写作业的时候，父母看电视时的声音非常小，小到让孩子听不见电视，但是如果孩子知道在自己写作业的同时父母正在看电视，他们也会难以控制自己的好奇心。为了给孩子营造良好的环境，父母一定要配合孩子，尽量为孩子排除各种干扰。

首先，在孩子完成作业的时候，父母可以看书或者是做一些工作上的事情，最好不要发出声音，从而避免声音分散孩子的注意力。

其次，为了让孩子能够保持专注力，在孩子写作业之前，父母要把孩子的书桌清理干净。有些孩子的书桌上堆放着各种各样的杂物或者是文具用品，这些东西都会在无形中分散孩子的注意力。例如，孩子在写作业的时候一会儿拿课外书看看，一会儿拿起橡皮玩玩，不能够全力投入地完成作业，这会使得他们完成作业的时间大大延长，作业的正确率也大大降低。

其次，如果家里的人口比较多，那么在孩子写作业的时候，其他人都最好待在其他房间里，不要在孩子身边造成干扰。例如有些家庭里不仅有一个孩子，还会有二孩，那么在大孩写作业的时候要安抚好二孩。父母可以带着二孩出去散散步，或者是陪着二孩在另一个房间里玩游戏，还可以给二孩讲故事。总而言之，不要让二孩上蹿下跳，发出巨大的响动，否则大孩就无法专心致志地写作业了。

最后，要想让孩子保持专注，父母切勿随意打断孩子。在很多家庭里，每当到了吃晚饭的时候，父母就会大呼小叫，甚至要求孩子当即放下作业来吃晚饭。孩子在写作业的过程中也

是有思路的,尤其是在做一些数学的难题时,到了解题的关键时候,孩子们往往不愿意中止思考。在这种情况下,父母切勿强求孩子必须马上吃饭。

除此之外,为了让孩子积极主动地学习,父母还要为孩子营造良好的学习环境。有些父母不是看电视就是玩游戏,或者刷视频,这些举动都会对孩子带来负面影响。如果孩子过多地和电子产品接触,生活的环境中也充斥着各种电子产品,那么孩子就会很难集中注意力。在有孩子的家庭,强烈建议父母应该减少看电视、电脑或者是手机的时间,全家人在一起的时候可以多看看书,在书香中增进亲子关系,促进彼此之间的交流,还能加深亲子之间的了解,可谓一举两得。

让孩子拥有强大的内心

一个人如果内心非常脆弱，在面对很多事情的时候，就会紧张，局促不安。尤其是在遭遇困境的时候，他们往往会自暴自弃，破罐子破摔。恰恰相反的是，一个人如果拥有强大的内心，那么在面对任何困难的时候都能够从容应对，在面对任何危机的时候也都能够成功化解。以不变应万变，说的就是这个道理。父母固然希望孩子的一生顺遂如意，然而很多事情并不是以父母的主观意志为转移的。在这种情况下，父母应该磨砺孩子的内心，让孩子内心变得越来越强大，唯有如此，孩子才能从容面对人生的一切境遇。

现代社会中，绝大多数父母都非常关注孩子的学习，他们认为孩子只有在学习上赢在起跑线上，将来才能取得更好的成就。正是在这样的心态驱使下，他们特别关注孩子的学习和成绩，而忽略了孩子的心理健康。孩子要想健康成长，必须保持身心健康，才能具备成长的基础。如果孩子的身心都出现了问题，那么成绩再好也不能真正成才。从这个意义上来说，父母在关注孩子分数的同时，应该抓住培养和教育孩子的重点，那就是加强孩子的心理教育。

如今，很多孩子的承受挫折能力都很差，他们一旦遭遇挫折，就会不堪一击。俗话说，人生不如意十之八九，这充分告诉我们人生不可能永远顺遂如意。在孩子小时候，父母拼尽全力为孩子营造顺遂的生活环境，这并不意味着孩子在长大之后不会遭遇挫折。所以明智的父母会在孩子小时候就有意识地加强孩子的心理训练，磨砺孩子的挫折承受能力，这样孩子在将来遇到困难的时候才能勇敢面对，茁壮成长。

　　明智的父母知道，孩子的成长是一个漫长的过程，每一次考试的成绩并不能够代表孩子真实的水平。父母要有耐心地等待孩子进步，给予孩子机会证明自己。退一步而言，即使孩子在学习上的确没有天赋，不可能有出类拔萃的表现，父母也不能因此而否定孩子。不管是成人面对生活，还是孩子面对成长，都一定会经历挫折和打击，这是生活的常态。一帆风顺的生活是不存在的，每个人都有烦恼。父母要引导孩子正确面对失败，勇敢地承受打击，这样孩子的内心才能变得越来越强大。

　　为了培养孩子坚强的内心，父母还要学会及时放手。很多

父母总是对孩子事无巨细地包办，这使得孩子对父母越来越依赖，独立自主的能力越来越差。渐渐地孩子变成了父母的附属品，失去了独立的灵魂，也没有能力独立生存。这样的孩子即使长大成人，也会变成一个不折不扣的巨婴，虽然身形已经接近成人，心理上却始终像婴儿一样依赖父母，那么这样的成长又有什么意义呢？

适度奖励，才能激励

让自律成为一种习惯，扎根在孩子人生中与孩子如影随形，并不是一样简单的事情。这是因为自律常常会出现反复。对于自己喜欢做的事情，孩子也许会具有自律性，而对于自己排斥和抗拒的事情，孩子的自律就会大大降低。在这种情况下，父母要以合适的奖励机制给予孩子鼓励，刺激孩子始终产生动力，这样孩子才能一直保持对自律的高度要求。

在为孩子提供奖励的时候，父母要注意把握分寸。古人云，凡事都有度，过度犹不及。如果孩子不管做出怎样的自律行为，父母都慷慨地给予孩子奖励，那么日久天长，孩子就会觉得自己做出这样的表现完全是为了父母。实际上，孩子只有真正意识到自律是为了自己好，是为了管理好自己，他们才能够拥有自立的真正动力。

每天放学回到家里之后，张明都要吃零食喝牛奶，或者是玩玩具看电视，总而言之，他就是不愿意当即写作业。为了让张明能够在回家的第一时间就开始写作业，妈妈想尽了办法，既打过，也骂过，还惩罚过，但是都收效甚微。

期中考试之后，老师召开家长会。张明妈妈得以和其他家长沟通。在开完家长会之后，她赶紧去请教班级里的学霸妈妈。原来，这位学霸之所以始终能够保持优秀的成绩，与他良好的学习习惯是密不可分的。

每天放学回到家里之后，虽然爸爸妈妈还没有下班回家，但是学霸第一时间就开始认真完成作业。等到完成学校的作业之后，如果爸爸妈妈还没回家，那么他也不会浪费时间，而是开始做课外作业。就这样，等到爸爸妈妈回家的时候，学霸已经把所有的作业都完成了。

那么，孩子是如何养成积极完成作业的好习惯的呢？张明妈妈对此感到好奇。学霸妈妈忍不住笑起来，说："其实，刚开始的时候就是用积分奖励的。例如，每一次主动完成作业就可以得到十积分；如果不能主动完成作业，就会扣点相应的积分。当积分奖励达到一百分的时候，就可以换一本故事书；当积分达到三百分的时候，就可以去一次游乐场；当积分达到一千分的时候，就可以换一次长途旅行。这些项目对于孩子而言都是非常有吸引力的。当然，他也没有那么容易就攒到一百积分，甚至是一千积分，因为当他违反规矩的时候，我也会扣

除相应的积分。"

听到学霸妈妈说得头头是道,张明妈妈感到佩服不已。她说:"原来这么做就能够让孩子积极主动地完成作业啊!我每天都和孩子发生矛盾和争执,就是为了督促他及时完成作业。我一定要向你学习,你能把你的积分表拍给我看一看吗?我想效仿一下。"学霸妈妈点点头,答应了张明妈妈。

回到家里之后,张明妈妈就按照学霸妈妈的积分表制作了一个相同的表格,并且坚持对张明分别采取激励惩罚的措施。刚开始的时候,张明对此不以为然,他觉得爸爸妈妈一定不会兑现承诺。想到商鞅立木取信的故事,妈妈故意放松对张敏的要求,让张敏很快就积攒了300积分。妈妈也真的兑现了诺言,带着张明去游乐场玩了。此事之后，张明才相信妈妈说的都是真的。从此，他不但越来越看重积分，而且非常积极地获得积分。理所当然地，张明也越来越自律了。

除了不能主动写作业之外，孩子还会有很多缺乏自律的行为表现。例如，很多孩子会把家里弄得乱七八糟，玩过玩具之后不愿意收拾，或者在写完作业之后把书本文具等随便放在书桌上，不愿意收拾书包和书桌。在这种情况下，父母往往感到非常厌烦，为了让孩子能够主动收拾东西，父母可以把主动收拾物品这一项获得积分的重要项目，对于这项的积分奖励可以根据实际情况来确定具体分数。当孩子用积分换取了自己想要的礼物之后，他们就会想方设法地获得更多的积分，也会把相应的事情做得更好。

真正自律的人才有仪式感

很多人认为仪式感是一种享受，因为在举行庄重的仪式之后，我们的感情会得到升华。其实最高级形式的仪式感就是自律，这是因为自律的环境能够让每个人都会更加看重自己，也对自己正在面对的事情更加慎重。

自律不但是一种仪式感，还是要求自己遵守一项准则。所谓准则，就是不能轻易改变的。面对准则，我们固然会承受压力，也会产生畏缩的心理，这都不是我们逃避的借口。不管现实的情况多么艰难，我们都必须在规定时间内完成设定的任务和目标，否则就会破坏仪式感，使自己的前后行为不再一致。此外，自律的人往往能够坚持在很长一段时间内都做特定的事情，当某些举动变成了一种习惯，就会自然固化成为仪式感，给我们的生活带来更多新鲜的感受。

作为书法学校的老师，卢老师教育孩子颇有一套。大多数老师在教孩子写字的时候，都会督促孩子写得越多越好，如果孩子写错了，老师还会狠狠地用橡皮把写错的字擦掉，要求孩子们重写。卢老师的教育方法恰恰与此相反，每次写字之前，他都会与孩子们进行一个仪式，而且不允许孩子们为了写得多就贪快。他要求孩子们一笔一划地认真写，哪怕写得少，也要把一个字写到位。最为重要的是，卢老师不允许孩子们使用橡皮，所以孩子们在每次下笔之前都会经过仔细斟酌，这使得他们的错误率大大降低。很多顽皮捣蛋的孩子在经过卢老师一段时间的调教后，行为都发生了改变，不但写字的水平越来越高，自律性也越强。卢老师得意地说："这都是仪式感带来的好处呀！"原来，在坚持进行仪式感之后再写字的过程中，孩子们会把写字变成心灵的沐浴，在写字过程中，他们会抵达自己的心灵深处，净化自己的心灵，这也使得他们的内心更加安静安详。

生活中自律无处不在，孩子们要管理好自己，让自己积极主动地写作业，一笔一画地认真完成作业。在婚姻生活中，每一个成人都要管理好自己。婚姻就像一座围城，围城外的一切

新鲜有趣的事情都会对婚姻中的人造成诱惑，在这样的情况下，我们不能屈服于诱惑，更不能因为受到诱惑而让自己走上歧途。

仪式感除了会让人感到神圣，意识到自己肩负的责任和使命之外，还能够给人以鼓励，让人增强自信心。当孩子们打定主意要做一件事情时，在举行庄严的仪式感之后，他们就会爆发出强大的行动力。很多孩子就是因为在举行仪式的过程中确立了目标，所以他们才会越来越自律。由此可见，要想让孩子保持高标准的自律，我们就一定要督促孩子明确目标，也要和孩子一起进行庄重的仪式，这样自律才会成为自然地得以贯彻执行。

第四章

规律生活作息，把控电子产品

　　电子产品的出现，给人们的生活带来了很大的便利，但与此同时，它就像是一把双刃剑，也给孩子们的成长带来了很多困扰和诱惑。当发现孩子总是沉迷于电脑游戏和手机游戏无法自拔的时候，当孩子因为玩游戏而影响身心健康甚至学习的时候，父母们对孩子往往无计可施。尽管有些父母会采取各种极端的方式对待孩子，但是这对孩子的教育来说却收效甚微。父母应该帮助孩子提升自律，把控电子产品，这样孩子才会拥有充实精彩的童年，也才会健康快乐地成长。

不让使用电子产品成瘾

不得不说，智能手机的问世给人们的生活带来了革命性的变化，每个人因为智能手机的存在，甚至改变了生活方式。在现代社会中，每个人都有手机，包括孩子在内。有的父母因为担心孩子出门之后遇到意外的情况无法及时与父母取得联系，会给孩子配备手机。如果父母给孩子配备的是功能简单的学生手机或者老人机，孩子往往对此表示不满。为了让孩子开心，也因为相信孩子能够管理好自己使用手机，父母就会给孩子配备自己淘汰的智能手机，或者给孩子买一部新的智能手机，但是却不知道孩子在背着自己的时候用这些手机在做什么。

孩子们不但很容易手机成瘾，而且他们玩手机上瘾的速度也是极其快的，这是为什么呢？和传统的纸质媒体相比，不管是报纸杂志还是书籍，都是一种静态的呈现，而手机上的电子视频或者动画片都是动态呈现的，它们还具有饱满的色彩以及各种各样的动态形象，所以更容易吸引孩子。有些父母对孩子玩手机没有引起足够的警惕，等到他们产生警惕的时候，孩子往往已经无法戒掉手机瘾了，这使得父母与孩子之间因为手机而处于对立的状态：父母想尽办法让孩子戒掉手机瘾，孩子却想

规律生活作息，把控电子产品 | 第四章

方设法地想要多玩一会儿手机，甚至瞒着父母偷玩手机，把家庭生活搅和得鸡飞狗跳，这真的是一件让人感到遗憾的事情。

那么，父母如何才能做到帮助孩子适度使用电子产品呢？在很多家庭里，父母们本身就是低头族，他们总是当着孩子的面或者用手机看视频，或者用手机玩游戏，或者用手机浏览网页。很多父母在辛苦工作了一天之后，从离开单位的那一刻开始就盯着手机，在通勤回到家里之后，他们甚至连吃饭的时候也在看手机。孩子原本自控力就有限，又很喜欢模仿父母的行为，当他们看到父母这样的表现时，又会怎么想呢？他们一定会认为自己理所应当地也能使用手机。所以，要想帮助孩子拒绝电子产品,父母首先要拒绝电子产品,给孩子做出好榜样,这样才能对孩子起到积极的影响。

那么,戒掉电子产品之后,父母应该怎么做呢?如果父母喜欢看书,那么可以和孩子一起看书,听音乐,或者陪伴孩子一起看电影;如果父母有足够的耐心,还可以和孩子一起玩游戏。在与孩子互动的过程中,父母既可以拉近与孩子的亲子关系,又可以加深与孩子之间的感情,对于调节家庭气氛也是极其有益的。总而言之,父母要让生活变得充实,这样才能够把手机从现实生活中挤压出去,非必要不使用手机,也让孩子把关注力更多地集中于现实的生活中,而不要沉迷在虚拟的世界里。

过度使用手机不但会影响孩子的心理健康,还会影响孩子的身体健康。科学家经过统计发现,很多孩子之所以都患上了严重的近视,正是与过度使用电子产品有关。也有一些孩子因为长时间保持不良姿势使用手机玩游戏,导致他们的脊椎变形,而这些伤害都是不可逆转的。从这个意义上来说,拒绝电子产品不但有助于保证孩子的心理健康,也有益于保证孩子的身体健康。最重要的是能让孩子的精神生活和情感生活更加丰富和充实,这样孩子才能摆脱对电子产品的依赖,在父母的陪伴下健康成长。

发挥App的正当用途

正是因为手机对人的生活渗透得如此深入，与人的生活如此严密地捆绑在一起，所以手机才会成为不可或缺的生活用品。面对这样的情况，父母们只能适度限制孩子使用手机，引导孩子正确地使用手机，尽量避免孩子借着使用手机完成作业的机会而染上手机瘾。

升入初中一年级之后，老师不再像小学阶段那样把作业布置在班级群里，让父母帮助检查孩子是否完成作业，而是会把作业布置在App上，由孩子们做完作业之后直接拍照片发布在App中。对于这样的作业形式，妈妈一开始感到非常开心，因为这就意味着她不用每天都叮嘱琪琪写作业了。但是妈妈渐渐发现琪琪使用手机的时间越来越长。原本拍一个照片发到手机上只需要几分钟的时间，但是琪琪每天少则用半个小时的手机，多则用一两个小时的手机。又因为学校的作业量比较大，所以琪琪每天晚上睡觉都在11点之后。看到琪琪因为玩手机导致睡眠严重不足，妈妈决定没收琪琪的手机。

然而，琪琪放学回到家时妈妈还没有下班。如果琪琪没有智能手机，就无法及时看到作业。手机刚刚被没收的时候，琪琪每天都打电话给妈妈询问作业。有的时候妈妈在开会，不能及时接电话，琪琪就只能延误写作业。长久下去也不是办法，妈妈感到非常苦恼，她只好郑重其事地和琪琪谈了这个问题，

问琪琪:"琪琪,你是愿意自己拿着手机及时写作业,还是想让妈妈在看到作业之后告诉你呢?"

琪琪毫不迟疑地回答:"我当然希望是前者啦!"妈妈直言不讳地说:"但是你拿到手机就会做乱七八糟的事情,耽误时间。如果你能管理好自己,那么我当然也是希望你自己拿着手机主动做作业的。不过,你能做到吗?"琪琪想了想,说:"我尽量吧!"听到琪琪不确定的语气,妈妈说:"如果你拿到手机导致做作业的时间反而花费更多,我就知道你有没有抓紧时间完成作业。那么,我就只能采取后一种做法,或者你也可以在回家之后先预习或复习,等到我告诉你作业之后再开始写作业。"

看到妈妈把即将下放的权力又收回去了,琪琪当即态度坚决地说:"妈妈,你放心吧,我这次不会再乱用手机了。我一定会管好自己,专心写作业的。我会等写完作业再用手机看新闻的。"妈妈还是很担心,又规定道:"你每天只能用手机十分钟,十分钟足够你浏览当天重要的社会新闻了。"琪琪点了点头。

很多孩子都会借助利用手机完成作业的机会偷偷玩游戏,或者浏览网页,或者看视频,这会使得原本就非常宝贵的时间悄然流逝,孩子也就无法保证按时按成作业了。这样一来,他们就不能按照规定的时间睡觉,又因为睡得太晚导致睡眠不足,所以第二天他们会精神倦怠,无法集中注意力听讲。如此一来,孩子就进入了恶性循环之中,严重影响学习效率。

手机是一种非常便捷的学习工具,如果把手机运用好,那么孩子在学习上就会更加轻松省力。但是,如果孩子不能管理好自己,发挥手机上作业app的功能,而只是利用这个机会在手机上看乱七八糟的信息,这样只会事与愿违。

与手机保持距离

到底如何做才能从根源上减少手机带来的麻烦呢?最重要的一点是远离手机、远离手机并不是要隔绝手机,而是适度使用手机，坚持非必要不使用手机，这应该成为现代人的一条生存原则。如今，近视眼的人越来越多，视力下降或者是患上黄斑病的人也越来越多，还得有的人因此而患上了颈椎病，这些疾病都与沉迷于手机密切相关。

很多家里有小宝宝的父母都发现，即使几个月的宝宝也喜欢拿着手机玩，到了一两岁的时候，他们会对手机更加依赖。当孩子哭闹的时候，父母只要把手机拿给他们，他们就会马上拿着手机摆弄起来，不哭也不闹。有些孩子才一两岁就已经学会了用手机打电话、发微信、拍照片、录视频。对于孩子而言，这并非是能力的证明，因为早一些学会使用手机和晚一些学会使用手机并没有太大的区别。使用手机只是一项最普通的技能，孩子即使在20岁之前不会使用手机，利用20岁生日之后的某一个天的一个小时，他们也能够熟练掌握如何使用手机。所以父母完全没有必要急于让孩子学会使用手机，以此来证明孩子是个天才，也不要因为自己很忙就把孩子交给"手机保姆"。

如果孩子在小时候就已经习惯了使用手机，那么等到孩子渐渐长大到几岁之后，父母再想控制孩子就会非常困难，这是因为孩子对手机的依赖性越来越强。在这个时候，父母突然从孩子手中夺走手机，孩子当然会哭闹不休，不依不饶。有一些父母认为孩子小的时候可以不用手机，但是长大了必须使用手机，这也是误解。孩子在没有成人之前不一定要用智能手机。

父母给孩子配备手机的最大目的无非是希望能够随时与孩子保持联系，及时了解孩子的情况。父母可以给孩子配备一个简单的学生机或者是老人机。如果孩子使用的是智能手机，那么当父母发现孩子在手机上下载各种应用软件的时候，父母要及时加以制止正，例如没收手机，让孩子知道这件事情的严重后果。

在为孩子制定规定之后，父母还需要注意的是，不要因为孩子的行为没有造成严重的后果，就不惩罚孩子。如果规矩只是形同虚设，那么孩子就会无视规矩也会越来越放肆。所以在发现孩子违反规矩时，父母要坚决地给孩子相应的惩罚，这样才能在孩子面前树立威信。

对于低龄的孩子，父母一定要从源头上管住他们使用手机的势头，切勿给孩子配备智能手机。如果有些父母需要随时知道孩子的地理位置和活动状态，那么可以给孩子买电话手表。对于更小一些的孩子来说，电话手表是更为适宜的，这是因为电话手表功能非常简单，不能下载很多应用程序，而只能打电话、接电话，这样孩子就的注意力就不会被电话手表分散。

总而言之，只有从根源上解决问题，才能减少手机带给我们的麻烦。如果父母在根源上没有控制好孩子使用手机的情况，那么孩子就会处于失控的状态。

你知道如何管理家庭网络吗

暑假到来了，由于爸爸妈妈忙于上班，没法照顾天天，所以他们决定把天天送到姥姥姥爷家里，让姥姥姥爷负责照顾天天的饮食起居，并且监督天天每天只能使用电脑玩半个小时的游戏。为此，爸爸妈妈还特意在姥姥姥爷家里开设了家庭网络，让天天可以和在家里一样保持规律的作息。

天天向爸妈保证自己一定会严格遵守时间限制。有一天，妈妈突然回到家里，却发现天天已经用了好几个小时的电脑。看到天天的两只眼睛通红通红的，脸色晦暗，妈妈生气地指责姥姥姥爷："把孩子交给你们，你们发现孩子过度玩游戏，怎么不告诉我呢？"姥姥担心地说："我不是怕你批评孩子么！"妈妈啼笑皆非："你这是爱孩子，还是害孩子呢？天天这样无限度地玩游戏，不但会把眼睛看坏，还会沾染游戏瘾。孩子还这么小，如果眼睛坏了，那可怎么办呀？"姥姥姥爷无话可说，妈妈也不好继续指责他们，但是妈妈又不能把天天接走，因为她和爸爸都没有时间照顾天天，这可怎么办呢？

妈妈灵机一动，给电信部门打了电话，得知电信的网络系统针对自己在家的孩子推出了家庭网络的儿童模式，意思就是他们会在固定的时间里开通网络，然后在固定的时间里关闭网络，从而限制了孩子使用网络的时间。听说电信有这个服务，妈妈兴奋极了，她当即就开通了这项服务。果不其然，妈妈才开通没多久，天天就打电话过来询问妈妈："妈妈，网怎么断

了啊？"妈妈对天天说："从现在开始，我们家的网只有下午两点到三点钟可以用。在这个时间段，你可以玩游戏，平日里你可以每天玩半个小时，暑假里你可以玩一个小时。但是在其他的时间段是没有网可用的。如果你需要用网络查阅资料，就要在玩游戏之前完成。"

听到妈妈的话，天天无奈地叹息了一声。后来妈妈问起姥姥姥爷"天天每天都在做什么"，姥姥姥爷说："你把网断了，他就只能看电视或者是看书。"妈妈说："看电视也比看电脑强呀，电视的辐射没有那么强，天天看电脑，一个暑假视力就完了。"

如今，网络推出了很多人性化的服务。针对家里大人上班，孩子独自在家的情况，网络保姆会帮助孩子控制上网的时间，这样父母就无需担心孩子过度使用网络了。

网络视频，不可不防

帅帅正在读小学五年级。一天放学之后，爸爸发现帅帅把自己关在房间里写了好几个小时的作业都没有出来，不由得感到很纳闷，因而悄悄地走到帅帅的房间门口，突然打开房门去查看情况。这个时候，他看到了震惊的一幕，原来，帅帅正在手机上观看成人视频。看到不堪入目的画面，爸爸当即火冒三丈，生气地没收了帅帅的手机。

等到平静下来之后，爸爸意识到没收帅帅的手机是远远不够的，还要给帅帅做好思想疏导工作。爸爸郑重其事地与帅帅进行了沟通，这才知道帅帅不但看过网络上的成人视频，还购买了好几个成人小视频呢。得知帅帅在网络的世界里沉迷得如此之深，而且做出了这些违反法律的事情，爸爸对帅帅说起了这些事情的严重性，帅帅惊讶地反问道："难道我在自己的手机上看视频也犯法？"爸爸严肃地说："当然，法律规定未成

年人不许看这些成人视频，而且这些视频都是通过非法途径播放的，有些视频还带有病毒，病毒会侵入你的手机，篡改你手机的程序。如果你的手机绑定了银行卡，那么它们甚至会盗取你银行卡里的钱。所以网络视频必须严防，否则为何大家一直宣传不能看网络视频呢？"

发生了这件事情之后，爸爸有一段时间只给帅帅使用普通的学生手机，直到几个月之后，帅帅的表现有所转变，和爸爸申请使用智能手机，爸爸这才表示会考虑考虑把智能手机还给帅帅。在把手机给帅帅之前，爸爸决定想出一个办法帮助帅帅屏蔽网络上乱七八糟的网页和视频。后来，他咨询了一个专业搞计算机的朋友，知道可以利用网络视频的防火墙来防备这些不良的网络视频和信息，避免这些不良信息侵害孩子的心灵，因而爸爸让朋友在手机上进行了操作，给手机安装了防火墙，这才放心地把手机还给了帅帅。

作为父母，如果要杜绝孩子观看不良网络视频，就要为孩子树立好榜样。首先，父母不要总是当着孩子的面观看视频。有些父母不但当着孩子的面观看视频，还总是发出哈哈哈的笑声吸引孩子和他们一起看，这会让孩子在不知不觉间和父母一样喜欢上看视频。

其次，如果父母不想让孩子看视频，那么可以给手机安排过滤视频到防火墙，这样孩子的手机上就不会收到视频。

再次，当发现孩子拍摄视频发布到网上的时候，父母要及时制止孩子。孩子正处于学习和成长的关键时期，他们的重要任务就是健康成长，而不是利用各种方式赚钱。有些孩子认为拍视频是很容易赚钱的，但实际上拍摄视频的人很多，只有极少数人能通过视频赚钱。退一步来说，即使视频真的能够变现，这也不是孩子现在应该做的事情。所以父母一定要坚决禁止孩子以拍视频的方式赚钱。

最后，父母要更多地关心孩子，经常与孩子进行思想交流和感情互动，还要陪着孩子做一些有意义的事情。很多孩子之所以沉迷于虚拟的网络，沉浸在冷冰冰的网络世界中，就是因为他们在现实生活中从来没有感受到温暖和父母的关爱。父母固然要忙于工作，要为了生计而奔波，但不要忽略了陪伴孩子成长。孩子的成长过程是不可逆的，一旦孩子在成长过程中失去了父母的关爱，因此而误入人生的歧途，那么父母与孩子之间的关系就会越来越疏远，孩子也会因为缺少父母的管教而做出很多逾越规矩的事情。每一个父母都应该肩负起陪伴孩子成长，为孩子的成长保护保驾护航的责任和义务。父母只有先履行好自己的职责，才能给孩子提供健康的成长环境。

下篇

五周成就自律好习惯

听好了，明天来上学的时候，给我们带零花钱过来。

嘿嘿！！！

第一周

好习惯成就健康未来

生活习惯对于孩子的影响是很大的。如果在生活中养成了良好的习惯,那么孩子就能够身体健康,心情愉快;如果习惯不好,那么不但会给身体带来痛苦,还会导致身身心理上受到伤害。所以父母一定要在坚持培养孩子自律的过程中,引导孩子逐渐形成好习惯,这样才能成就孩子健康美好的未来。

Day 1 早起的魔力

妈妈很贪睡,在怀孕期间每天都睡到日上三竿,并且吃完午饭又会接着睡午觉。就这样吃吃睡睡,导致出生时的陌陌居然重达九斤多。看到妈妈生下了这样一个又白又胖的大胖小子,奶奶非常开心,尽心尽力地伺候妈妈坐月子,所以妈妈在整个月子期间始终在吃吃睡睡。

到了陌陌一岁的时候,奶奶回老家了,妈妈留在家里负责带陌陌。然而,因为妈妈每天都昼夜颠倒,早晨要睡到中午才起床,下午还要午睡,所以晚上往往睡不着,要到十一二点才睡觉。日久天长,陌陌也养成了昼夜颠倒的坏习惯。每天,妈妈带着陌陌起床吃早午饭的时候,其他小朋友已经和妈妈出去遛弯晒太阳回到家里开始加餐了。陌陌长得越来越瘦弱,远远没有同龄的孩子强壮。

后来,陌陌到了上幼儿园的年纪。幼儿园里规定八点钟到校,但是陌陌却常常因为早晨起不来床总是迟到。一开始妈妈对此不以为然,觉得只要在家里给陌陌吃饱饭,就算晚一些去,赶不上幼儿园里的加餐也没关系。没过多久,老师就对妈妈提出意见:"陌陌妈妈,能不能让陌陌按时到校呢?虽然我们这是幼儿园,但是也要给孩子立下规矩,这是为了帮助孩子形成纪律性,您这样总是迟迟送孩子到幼儿园来,在其他小朋友都已经活动完开始吃加餐了。小朋友们正在吃加餐呢,看到陌陌刚刚来就会分散注意力。另外有一点我要跟您反馈一下,因为陌陌没有进行上午的活动,所以他中午吃饭的时候往往胃口不好,吃得很少。"

听了老师的话,妈妈感到非常羞愧,她当即对老师承认错误说:"这都怪我,不怪孩子,我老是睡懒觉。接下来我一定努力改正,争取每天都让孩子按时到校。"得到了妈妈的许诺,老师点点头说:"那我拭目以待哦!"

接连几天,妈妈送陌陌上学的确比之前早了一些,但是陌陌还是会迟到。后来妈妈痛下决心,决定要在改变自己的作息习惯,每天早晨六点半起床,这样不但可以保证不迟到,还能给陌陌和爸爸准备丰盛的早饭呢。当然,这对妈妈而言非常困难,要知道她以前可要睡到中午12点呢!这样就相当于把妈妈整个睡眠的时间减少了一半,所以刚刚开始这么做的时候妈妈非常困倦。她一边打哈欠一边做早饭,到了七点钟就喊陌陌起床。让妈妈感到惊讶的是,陌陌的适应能力比她强得多。陌陌早晨起床之后精神非常好,还吃得很饱才去学校呢。他和小朋友们一起进行晨间活动,看起来特别开心。后来妈妈从老师那是得知陌陌中午也吃了很多饭,而且吃完之后还活动了一会儿,睡午觉睡得特别香甜。妈妈对此感到很欣慰,心想:为此

牺牲我睡觉的时间也是值得的,毕竟孩子的健康成长最重要!

俗话说,一年之计在于春,一日之计在于晨。对于每个人来说,早晨的状态将影响一整天的状态。如果孩子早晨不能够早早起床,而是睡到日上三竿才迷迷糊糊地起床,那么他们一整天都会精神倦怠。为了让孩子有清醒的一天,感到满心幸福且快乐,父母应该帮助孩子养成早睡早起的好习惯,让孩子亲身感受到早起的魔力。相信他们会更愿意迎着朝阳,和朝阳一起起床。

在培养孩子早起好习惯的过程中,父母一定要身为表率。

如果父母总是起床很晚，那么父母就无法喊孩子起床，即使父母喊孩子起床，孩子在看到父母赖在床上不愿意起来的时候，他们也是不愿意配合父母早起的，这就使得早起的计划泡汤了。从这个意义上来说，父母一定要先调整好自身的作息习惯，才能帮助孩子养成良好的作息习惯。

Day 2　不挑食、不贪吃

安安和静静是一对双胞胎。安安是姐姐，静静是妹妹。虽然她们是双胞胎，但是她们却和普通的双胞胎不一样。大多数双胞胎长得特别像，尤其是同性双胞胎，简直让人分不出来，但是安安和静静却截然不同。她们不但脾气秉性不同，长相不同，就连身体的强弱也不同。安安是姐姐，长得又高又大，非常强壮，吃起饭来也是狼吞虎咽，胃口特别好，因而发育得很快。静静从生下来的时候就很弱小，吃饭的时候也总是胃口不佳，还特别挑食，这使得静静发育不良，身高和体重都滞后于同龄人。每次带着这对双胞胎去体检的时候，医生都会和妈妈开玩笑说："你这个妈妈肯定偏心，要不然她们作为双胞胎怎么会悬殊这么大呢？"妈妈总是啼笑皆非。其实妈妈很苦恼，她真心希望这一对双胞胎姐妹花都能健康快乐地成长。

静静之所以长得瘦弱，是因为她特别挑食。安安胃口很好，吃什么东西都香，静静喜欢吃的东西则少之又少。例如静静不喜欢吃肉，只喜欢吃蔬菜，但是在蔬菜里，她又不喜欢吃绿叶蔬菜，只喜欢吃白菜土豆。这样一来，静静能够摄取的营养就非常有限了。在三岁断掉奶粉之前，静静还能通过喝奶粉吸取一点营养，但是自从上了幼儿园，断掉了奶粉，静静因为吃饭吃得少又严重挑食，所以变得越来越瘦弱。

在进入幼儿园例行体检的时候，医生非常严肃地指着静静告诉妈妈："这个孩子严重营养不良。你必须要想办法让她吃得更好，吃得更全面。即使家里经济有困难，也一定要努力克服，毕竟孩子正处在长身体的时候，错过了这个阶段，孩子的身体可就补不上来了。"听了医生的话，妈妈赶紧解释道："医生，不是家里经济有困难，而是这个孩子太挑食。您看看，这个也是我的女儿，和她是双胞胎。她叫安安，长得强壮又高大，我也不知道她们俩为何悬殊这么大。"医生看了看安安，又看了看静静，难以置信地问："她们真的是双胞胎吗？"妈妈毫不迟疑地点点头，医生说："既然如此，你就要想办法帮助孩子改变挑食的习惯，这样孩子才能得到均衡的营养。"

妈妈采纳了医生的建议，决定把饭菜做得色香味俱全，尤其是在给静静做饭的时候，妈妈尽量摆出好看的造型，吸引静静多吃一点。在妈妈耐心的引导下，静静还是吃得很少，但是安安却比之前吃得更多了。妈妈心烦地说："哎呀，安安，你已经长得很强壮啦，不用再使劲吃了。正常吃饱，不饿就行，

反而是妹妹需要吃得更多呢。你帮助妈妈，逗着妹妹多吃一点，好不好？"

孩子如果挑食，就会长得很瘦弱，这是因为孩子处于快速成长发育的过程中，需要全面的营养。如果孩子对很多食物连碰都不碰，甚至连看也不看，那么他们就无法摄入均衡的营养。在快速成长发育的阶段，营养跟不上，孩子必然会很瘦弱。也有一些孩子与此恰恰相反，他们不是挑食，而是特别贪吃，不管看到什么好吃的都想吃个够。在这样的情况下，他们的身体无法消耗过剩的营养，就会囤积脂肪，导致他们患上肥胖的疾病。

要想让孩子健康快乐地成长，父母在孩子的饮食方面就要注重培养孩子的好习惯。例如，要让孩子摄入全面均衡的营养。负责做饭的父母要做到以下几点。首先，在做饭的时候，父母要尽量做到营养均衡。有些父母本身是有饮食偏好的，尤其是负责做饭的爸爸或者是妈妈，如果只是根据自身的饮食偏好给孩子提供食物或者是调配家里的饮食，那么孩子就会渐渐地形成的挑食的坏习惯。其次，为了增强孩子的食欲，父母可以尽量让食物变得色香味俱全。如果孩子特别排斥某一种食物，那么父母还可以把这种食物变换一种可爱的造型，或者用其他的烹饪方式做出来。注意，不要强求孩子吃这些食物，当看到食物色香味俱全且造型特别时，说不定孩子会主动尝试着吃这种食物呢！

对于孩子挑食偏食或者是贪吃的情况，父母不要过于强调，有的时候父母太过强调这种情况，反而会对孩子起到相反的效果。如果孩子挑食，那么父母不要让这种食物从自家的餐桌上消失，也不要过于强迫孩子必须食用这种食物，而是要怀着淡然的心态，把食物摆放在孩子面前，让孩子自主选用，这样说不定在经过几次尝试之后，孩子就能够接受这种食物的味道了。

最后，还要告诉孩子身体成长的原理，这样孩子才会知道食物能够给身体提供营养，让身体长得又高又壮。每个孩子都希望自己长得高高的，父母可以以此来增强孩子的胃口。另外，在为孩子准备食物的时候，父母可以给孩子吃一些健胃消食的食物，帮助孩子增强食欲。如果孩子因为运动量太小导致消化不良，父母还可以经常带着孩子进行户外运动，晒太阳，去郊外郊游，或者去野外野餐等，这些方式都能够使孩子消耗体能，从而食欲大开。

Day 3　讲究个人卫生

每天晚上，因为洗澡问题，妈妈都要和安安置一会儿气。妹妹静静特别喜欢洗澡，完全相反的是，安安最害怕洗澡了。每当到了要洗澡的时候，她就会四处躲藏或者想尽办法拖延时间。因为要给两个孩子洗澡，所以妈妈往往先带着静静进去洗澡，等到静静洗完澡出去之后，妈妈再喊安安来洗澡。但是安安老是不配合，妈妈就不得不光脚出去，把安安揪到卫生间里。为此妈妈感到非常苦恼，她不止一次教训安安："你能不能在妹妹洗完澡之后主动来卫生间呢？下次你要是再东躲西藏的，我就要采取非常措施了啊！"安安当然不知道妈妈所说的非常措施是什么意思，她只知道自己不想洗澡。

尽管每天晚上，妈妈为了洗澡的问题都要和安安劳神，但是妈妈从来没有问过安安为何不喜欢洗澡。直到有一天，小姨来家里玩，妈妈和小姨说起安安不喜欢洗澡的事情，小姨问妈妈："你知道安安为什么不喜欢洗澡吗？"妈妈摇摇头说："我从来不知道呀！"小姨说："我可是知道的。"妈妈更惊讶了："你怎么知道呢？"小姨哈哈大笑起来说："因为我小

时候也讨厌洗澡呀。"听到小姨的话,妈妈也忍不住笑起来:"的确,你小时候和安安一样,一到洗澡的时候就到处躲藏,但是不讲究个人卫生怎么行呢?"

小姨说:"姐姐,你只有知道安安为什么害怕洗澡,才能解决问题。"在小姨的启发下,妈妈最终通过询问安安了解到,原来安安不喜欢洗头的时候把泡沫弄到眼睛里刺痛的感觉。听到安安这么说,妈妈把安安和静静的洗发水换成了无泪配方,还给安安和静静每个人都买了一个洗澡的安全帽。这个帽子非常有趣,戴上这个帽子洗澡的时候,泡沫就不会流到孩子的眼睛里,而是会被安全帽的帽檐拦截。这样一来,安安和静静一样喜欢洗澡了,她还会把洗澡当成一件有趣的事情,主动要求洗澡呢!

孩子们每天的活动量非常大,而且特别爱流汗,如果不能养成每天坚持洗澡的好习惯,那么孩子身上很容易散发出异味,这样的异味不但会影响孩子的社会交往,还会损害孩子的身体健康。所以父母要帮助孩子养成爱洗澡的好习惯,让孩子讲究个人卫生,把自己整理得干净清爽,这样孩子才能够处处受人欢迎。

讲究个人卫生,除了要勤于洗澡之外,还要勤剪指甲,让头发保持合适的长度,每天都要换洗衣服,早晨起床要洗漱刷牙,把自己打扮得干净清爽,让自己变得香喷喷的,再开开心心地去幼儿园或者去学校。

如果孩子在个人卫生方面表现出不愿意配合的行为,那么父母不要强求孩子一定要达到怎样的标准,而是要告诉孩子讲究个人卫生的重要性,这样孩子才能够主动讲究卫生。

Day 4 生命在于运动

妈妈一边为静静吃饭挑食的问题而发愁,另一边为安安发胖的问题而发愁。安安和静静虽然是双胞胎姐妹,但是她们的性格完全不同,身体的成长情况也完全不同。安安胃口特别好,吃什么都非常香,有的时候妈妈想试图控制她的食物摄入量,她却不愿意配合,眼看着才上小学一年级的安安已经70多斤重了,妈妈知道如果继续增重下去,安安一定会越来越胖。思来想去,妈妈决定把这个艰巨的任务交给爸爸,她对爸爸说:"从现在开始,带着安安运动的任务就交给你啦。如果静静愿意的话,也可以和你们一起运动。"

爸爸可是一个实干派,他当即就拟定了跑步计划,要求安安静静和他一起去晨跑。静静非常热衷运动,因为她身体瘦弱,非常轻盈,但是安安很排斥跑步,她能吃能睡,最喜欢睡懒觉了,她觉得起床运动很累。但是这件事可由不得安安做主,爸爸制定的规矩每个人都要遵守,无奈之下,安安只好和静静一起早起,跟着爸爸去公园里跑步。

第一天跑步,安安就累哭了。她气喘吁吁地跟在爸爸后面,不停地跑着,却距离爸爸越来越远。静静呢,紧紧地跟在爸爸身后,这使得安安感到非常孤独。她不停地喊着让爸爸等等她,爸爸顶多带着静静跑慢一点,回头看她两眼,但是并不会真正停下来等她。安安累得气喘吁吁,觉得自己的肺都快炸了,她只好坐在地上嚎啕大哭起来。看到这样的情景,爸爸才和静静停下脚步,但是爸爸没有走过来,而是对安安喊道:"快跑过来,我们只等你两分钟哦。"安安累得两条腿像踩在棉花上一样,但是如果不趁着这个机会追赶上爸爸和静静,他们就一定又会赶紧跑开了。想到这里,安安只好从地上爬起来,艰难地向着爸爸跑去。跑步结束,回到家里,安安很不理解地问妈妈："妈妈，为什么要跑步？"妈妈耐心地对安解释道："安安，运动能让身体充满活力。生命在于运动，就是这个道理。一个人如果不运动，那么身体代谢就会处于停滞的状态，很多毒素就排不出去，身体细胞也会变得越来越懒惰。只有在运动的情况下，细胞才会不停更新，身体才会越来越健康，更加充满活力。"虽然安安不能够完全听懂妈妈所说的道理，但是她只能和静静一起遵守爸爸的规矩。跑了一个月的时候，安安能非常轻松地跑步了，这个时候她感到很欣喜。爸爸适度地提升了速度，安安和静静也能跟得上。这个时候，爸爸

问安安:"和第一天跑步相比,你觉得现在有什么不同呢?"安安想了想说:"我好像不那么累了。"爸爸点点头,对安安说:"这就是坚持锻炼的神奇魔力呀!一开始会觉得累,但是当我们让身体适应了这样的运动强度,身体反而会变得更健康呢!"如今,大多数孩子并不是运动量太大,而是过小,尤其是在上了学之后,每天都要完成很多作业,又因为父母忙于工作,没有时间陪伴孩子,所以孩子的运动量越来越小。即使有时间,很多父母也只会留在家里,带着孩子一起盯着手机、电脑或者电视看。在这样的情况下,患上近视眼的孩子越来越多。曾经有眼科专家说过,孩子之所以患上近视眼,是因为他们总是留在家里盯着电子产品看。对于孩子而言,保护视力最好的方式就是去户外开阔的地方极目远眺,当视线不停地进行远近交错的时候,人的眼睛就会得到充分的休息。

由此可见,坚持运动可以保护视力,除此之外,坚持运动也有益于身体健康。就像事例中的妈妈所说的,运动会让我们的身体变得更轻盈和充满活力,加快身体新陈代谢的速度。如果不运动,身体就会始终处于静止的状态,新陈代谢的速度就会越来越慢,从而导致体内毒素堆积。对于孩子而言,其实他们的适应能力是很强的。有时候父母懒惰,孩子就会非常的懒惰,而如果父母能够坚持运动,孩子就会喜欢上运动。

有人说,父母是孩子的第一任老师,其实孩子也是父母的镜子。对于孩子身上出现的很多问题,作为父母先不要急于指责孩子，而是要反思自己的原因。当我们认识到是因为自己给孩子树立了糟糕的榜样才导致孩子表现不佳的时候，那么我们最先改变的应该是自己。

Day 5　多喝白开水最解渴

安安之所以长得胖，是因为她还有一个不好的习惯，那就是不喜欢喝白开水，而最喜欢喝各种调味奶和各种果汁饮料，尤其喜欢喝可乐雪碧等碳酸饮料。虽然妈妈知道这样不好，但是当安安不愿意喝白开水或者纯牛奶的时候，妈妈就会妥协。她想：能多喝一些果汁总比什么也不喝来得好吧！她担心安安缺水，所以就允许安安喝各种各样的甜味饮料。

在一次例行体检中，安安被检测出血糖濒临正常值的最高值，妈妈不由得紧张起来："这么小的孩子也会得糖尿病吗？"妈妈赶紧向医生咨询，得知妈妈给安安养成的饮水习惯，医生狠狠地批评了妈妈："水是生命之源，这里说的水指的只是白开水，而不是各种各样含有添加剂的饮料或者调味奶。即使给孩子喝奶，也最好给孩子喝纯牛奶，你这样娇惯孩子，最终会害了孩子。如今有很多小孩都得了糖尿病，就是因为饮食习惯不好，总是喝碳酸饮料，我建议你最好马上帮助孩子改掉坏习惯。"

医生的话让妈妈特别紧张。为了让安安能够喝白开水，妈妈下狠心决定不再妥协。周末早晨，妈妈和爸爸一起带着安安静静去公园里跑步。这次妈妈没有像以往一样为安安准备饮料，而是带了一大壶温开水。跑步结束之后，他们在公园里散步的时候感到非常的口渴，安安嚷着要喝饮料，这个时候妈妈倒了一杯温开水递给安安，说："安安，白开水在口渴的时候是最解渴的。医生已经说了你不能再喝那些甜味饮料了，否则你的血糖再高的话，你就变成一个小糖尿病患者了，一旦变成糖尿病患者，你就不能再吃那些美味的食物了。所以说，你是愿意喝白开水，还是想戒掉所有好吃的食物呢？"听了妈妈的话，安安情不自禁地皱起眉头，似乎马上就要哭起来了。

这个时候，爸爸对安安说："就算是正常的健康人，也要多喝白开水，这是因为白开水能够帮助我们洗涤身体。举个例子来说吧，你喝了糖水，那么你的血液里因为含有过多的糖分，会变得更浓稠，这不但会引起高血糖，还会给身体带来其他的疾病。如果你的血液有些浓稠，但是你坚持喝白开水，那么你的血液就会被稀释，而且血液中的各项指标也会随之降低。最重要的是，爸爸强烈建议你要感受一下，在特别口渴的时候喝饮料其实是不解渴的，因为饮料里有糖分，会使人感觉更口渴。只有多喝白开水，才能解渴，所以爸爸希望你能够坚持多喝白开水，我相信你一定会爱上喝白开水的清爽感觉。"

安安对爸爸所说的话半信半疑，但是她真的很口渴。看着

妈妈端着的那杯温开水，安安只好尝试着喝了两口。果然，她感觉到口腔里非常清爽，和喝完饮料所带来的口腔里甜兮兮黏腻腻的感觉完全不同。感受着口腔里的清爽且没有异味，安安不再那么排斥喝白开水了。看到安安又喝了两口白开水之后的表情，爸爸带着询问的意味看着安安，安安笑起来对爸爸说："爸爸，你说的是对的，喝白开水很解渴。以前喝半瓶饮料我也不觉得能解渴，现在才喝了几口白开水，我就觉得不那么渴了。"说着，安安把剩下的水也喝了。

孩子的习惯并不那么容易改变，在特别口渴的情况下，安安虽然能够接受白开水了，但是在日常生活中，她还是很想喝甜味的饮料。爸爸妈妈只好给安安制定了严格的规矩，例如安安可以每周喝一次饮料，但是平时只能坚持喝白开水，如果违反了规矩，那么在一个月内都不许喝饮料。为了能够每周喝一次饮料，安安只好严格遵守规定。

孩子的很多饮食习惯其实都是父母养成的。如果在孩子最初表现出不爱喝白开水的时候，父母能够坚持原则让孩子喝白开水，或者父母能够未雨绸缪，不要让过小年纪的孩子接触甜味饮料，那么，孩子就会一直认为自己应该喝白开水，这样孩子就不会养成喜欢喝饮料的坏习惯了。饮料中含有各种添加剂，尤其是糖分的含量特别高，如果孩子长期把饮料当成白水喝，那么他们的身体就会因此出现严重的损伤。所以不管是为了孩子的身体健康，还是为了培养孩子的好习惯，父母都要让白开水成为家里的首选饮品。毕竟孩子的自控力是有限的，如果家里到处都能看到甜味饮料，孩子又怎么愿意喝白开水呢？

在家庭生活中，父母还应该给孩子做好榜样，坚持喝白开水。例如，每天早晨一杯温开水能够让人的胃舒展开来，让人的身体得到滋养；每天晚上临睡前也可以喝少量的温水，这样有助于睡眠。需要注意的是，晚上睡觉前不要让孩子喝太多水，否则孩子就会在睡眠中发生尿急，被尿憋醒的感觉是非常难受的。此外，有些父母在带孩子外出的时候会给孩子带瓶装饮料，他们认为这样更方便，这也是错误的做法。虽然带饮料会更方便，但是带饮料会使孩子养成错误的饮食习惯，与其选择带饮料，不如买一个大的保温壶，给孩子带一些温水，孩子在喝了温水之后，身体会感觉更舒适。

每一个好习惯的养成都要经过长期的坚持，并不是朝夕之间就能够形成的。明智的父母知道，唯有给予孩子更好的引导和帮助，给孩子树立真正的榜样，孩子才能够向父母学习，坚持养成好习惯。

Day 6　周末课程之一：遵守公共秩序

周末，爸爸妈妈带着安安和静静去超市里购物。也许是因为周末，超市里正在进行大力度的促销打折活动，很多人都在超市里选购所需的东西，收银台那里排起了长长的队伍。爸爸妈妈和安安静静一起选购了各自所需要的物品，妈妈还为家里购买了很多消耗品。他们推着一推车的食物和各种生活用品走向收银台。这个时候，安安看到前面长长的队伍中间有一个很大的空隙，于是眼疾手快地推着购物车冲到空隙那里，装模作样地排起队来。

这个时候，后面的人颇有意见，狠狠地瞪着安安。站在一旁的爸爸看到安安这样的举动，赶紧对安安说："安安，这不是队伍的尾巴，你一定是看错了吧。"安安赶紧把食指竖起来放在嘴唇中间，小声地对爸爸说："你不要说话呀，说话别人就会以为我们插队了。其实这个地方是有很大一块空间的，一定是有人离开了，那就让我们代替他继续站在这里吧。"听了安安的话，爸爸感到啼笑皆非，他问安安："如果别人没有发现我们插队，我们就可以插队了吗？每个人都要遵守公共秩序。如果换作我们站在后面辛辛苦苦排了这么长的时间，队伍前面突然插进来一个推着满车商品的人，那么你心里会怎么想呢？"听到爸爸这样的话，安安陷入了沉思。沉着良久她才说："我一定会很不开心。"这个时候，爸爸继续说道："古人云，己所不欲勿施于人，意思就是对于自己不想做的事情，也不要强求别人去做。爸爸认为，既然你不能接受别人插队，那么你自己也不能插队，现在我们去队伍的尾巴处排队，好不好？"

这个时候，妈妈和静静也拿着她们选购的一件商品走了过来。听了爸爸的话，安安赶紧乖乖地点点头，她冲着静静喊道："静静，去队尾处排队，我马上就过去。"就这样，安安推着购物车去了队尾处，一家四口安安静静等着排队结算，对于购物车里美味的食物，他们只能闻一闻香味，要等结算完了才能享用。

人多的地方一定要有秩序，否则大家一哄而上就会导致秩序混乱，也会使事情变得更加糟糕。尤其是在公共的场合里，作为社会的一员，我们一定要主动遵守社会的公共秩序，如果我们趁着别人不备就随意插队，或者违反公共秩序做出出格的事情，那么这样做不但会危及自己，也会危及他人。由此可见，遵守公共秩序是每个人的基本义务，也是每个人应尽的责任。

整个社会就像是一个庞杂的机器在维持着正常的运转,如果不能遵守社会秩序,就会陷入混乱的状态。所谓公共秩序不仅包括排队,还包括其他方面的秩序。例如孩子在外出的时候不能随地吐痰,在去动物园的时候要遵守规动物园的规章制度,这些都属于公共秩序的范畴。

父母要有意识地培养孩子遵守公共秩序的意识。近些年来,因为不遵守公共秩序引发的惨案不在少数,例如有人在野生动物园里随意下车导致被老虎伤害,有人为了想逃过动物园的门票因而翻墙进入野生动物园,结果掉入虎山被老虎咬死,类似这样的举动不但危及了自己的生命,还害得动物因此失去生命。所以遵守公共秩序是很重要的,这也是让社会生活保持良好运转的关键所在。

父母要想让孩子遵守公共秩序,自己首先要遵守公共秩序。有一些父母本身遵守公共秩序的观念很差，他们为了节省时间就随意插队，为了自己方便就乱丢垃圾，这样的行为举止都会给孩子造成负面的影响。作为父母，一定要让孩子知道，只有遵守公共秩序才能拥有更好的社会环境。为了培养孩子遵守秩序的积极性，在家庭生活中，父母也可以制定一些规矩并以身做则，带着孩子一起遵守，这样渐渐地孩子就会认为遵守秩序是自己理所应当做好的事情。

Day 7　周末课程之二：言辞恳切，待人谦和

周末，姑姑带着女儿小敏来家里做客。小敏比安安和静静小一岁，是个非常乖巧的女孩。小姨还给安安和静静带来了玩具和零食作为礼物呢，安安静静非常开心，开心地和小敏一起玩。

姑姑和妈妈正在厨房里做饭，突然听到客厅里传来安安的叫喊声。安安的叫喊声非常大，并且带着愤怒。于是姑姑和妈妈赶紧跑到客厅里查看情况。原来，小敏想玩安安和静静的一个玩具，静静虽然同意了，安安却不同意，为此安安和静静吵了起来。看到安安这么小气，妈妈当即批评："你怎么这么小气呢？小敏可是你的妹妹啊，姑姑和小敏还给你带来了玩具和零食作为礼物。现在小敏只是想玩玩你的玩具，你却不同意，妈妈认为小主人可不应该这么做啊。"对于妈

妈的批评,安安很不服气,她怒吼道:"这是我的玩具,小敏!小敏已经把玩具和零食送给我了,就是我的。而且,这是我的家,谁让小敏来我家做客的呢?"听到安安这么没有礼貌,妈妈狠狠地批评了安安。安安生气地跑到房间里关起门,再也不出来了。

这时,妈妈让静静和小敏一起玩。静静的性格很温柔,她非常友好地和小敏在一起玩了整个上午。午饭做好了,妈妈喊安安出来吃饭,安安却拒绝了。这个时候,妈妈走到安安的房间里,非常严肃地对安安说:"安安,作为小主人,要热情地招待小客人。妈妈认为你今天的表现非常不好,你要向静静学习。静静非常和善,对小客人照顾得特别周到,我想下次姑姑一定还会给静静带礼物,也会很喜欢静静。如果你表现不好,我就不能保证姑姑还会给你带礼物了。说不定姑姑觉得自己和小敏不受欢迎,以后再也不来我们家做客了呢!"

安安的眼泪簌簌而下,妈妈看到安安的心思动摇了,趁热打铁地说:"你可以设想一下,如果现在是你和静静去姑姑家里做客,你给小敏带了礼物,但是小敏却拒绝把礼物分享给你玩,你心里又会怎么想呢?"在妈妈的引导之下,安安终于认识到了自己的错误,她说:"好吧,我答应给小敏玩玩具。"妈妈当即鼓励安安:"你有这样的改变是非常好的,不过我认为你应该为自己刚才的行为道歉,这样你和静静才可以和小敏一起开心地玩耍,姑姑也才会更喜欢你。"最终,在妈妈的劝说下,安

安走出房间，真诚地向姑姑和小敏道歉。在吃饭的时候，安安的表现就是一个热情的小主人，她一直在给小敏夹菜呢。

对于孩子而言，人际交往是他们在成长过程中必须面对的一个重要课题。孩子在家庭生活中要和父母长辈打交道，等到有朝一日走出家门，走入了学校，走上了社会，他们就要学会和老师同学，以及社会上的各种人打交道。只有人善于人际交往的孩子，在成长的过程中才能结交更多的朋友，得到更多的快乐。所以父母在培养孩子的各种好习惯时，要有意识地引导孩子以谦和的心态对待他人，尤其是在和他人进行语言沟通的时候，切勿言辞犀利苛刻，而是要言辞恳切，待人真诚，这样才能起到更好的沟通效果。

第二周

学习好习惯，铸就小英才

如今，绝大多数父母都把孩子的学习作为家庭生活的重中之重。他们对于孩子唯一的要求，就是希望孩子在学习方面能够表现得出类拔萃，取得优异的成绩。有些父母为了督促孩子学习，会每天唠叨和叮嘱孩子，结果非但没有如愿以偿，反而引起了孩子的逆反心理，使孩子在学习上的表现更加糟糕，与父母的关系也很紧张。对于父母而言，要想铸就小英才，就一定要培养孩子良好的学习习惯。当孩子养成了良好的学习习惯之后，他们在学习上就会更加积极主动。

Day 1　主动完成作业

每天放学回到家里之后，冉冉做的第一件事就是打开电视机。她一边盯着电视屏幕，一边还会喊奶奶给她拿来水果、牛奶和面包。她一边补充能量，一边看有趣的动画片，不停地咯咯咯地笑出声来。

那么，冉冉什么时候才开始写作业呢？奶奶是催不动冉冉写作业的，往往要等到爸爸妈妈六点多下班回到家里，冉冉才开始写作业。要知道，冉冉三点钟放学，三点半到家，等到爸爸妈妈六点半前后到家的时候，她已经看了三个小时电视。这个时候，班级里其他同学早就已经完成了校内的作业，有些同学甚至已经做了一部分校外的作业。这让妈妈感到很焦虑，她不止一次地唠叨冉冉："你总爱这样拖延，你就算不写课外作业，至少也要把校内的作业认真完成呀。如果你一直表现得这么糟糕，不能主动完成作业，那么我只能给你报名一个托管班，让你放学之后直接去托管机构把作业写完了再回家。"听到妈妈这么说，冉冉不以为然，因为妈妈已经这样说了无数次，但是却从来没有真正地付诸实践。

随着进入小学中年级，冉冉的作业变得越来越多。如果冉冉冉非要等到爸爸妈妈六点半回家吃完晚饭，七点半才开始写作业，那么她有可能到十点都不能完成作业，更不能洗澡睡觉。看到冉冉早晨起床的时候哈欠连天的样子，妈妈非常担心。如果说以前妈妈只是生气冉冉不能主动完成作业，那么现在妈妈还担心冉冉因为睡眠不足会影响白天听课，所以妈妈决定对冉冉完成作业的这个坏习惯进行彻底整改，她要求冉冉回家的第一时间必须主动完成作业。

然而，冉冉回家的时候，爸爸妈妈都还在单位呢，他们根本没有办法监督冉冉。奶奶又年老体迈，不想和冉冉吵架，所以只能任由冉冉。在这种情况下，妈妈思来想去，最后制定了一个对策，她打电话去电信的网络机构进行了咨询，得知家庭里电视和网络的时间都可以通过在后台设置进行限制，例如规定孩子只能在某一个时间段内使用网络或者是观看电视，这个方法非常好，妈妈当即就规定冉冉必须六点以后才能看电视。在此之前，冉冉必须完成作业，并且拍照给妈妈，作为完成作业的确凿证据，妈妈才会开通网络。冉冉在完成作业的情况下，六点开始看电视，看大概半个小时电视节目，等到爸爸妈妈回到家里之后，他们就会一起吃晚饭。吃完晚饭，冉冉会做课外作业，或者看一些课外书。

新规定执行没多久，冉冉觉得半个小时的电视时间实在是太短了，她往往还没有看过瘾时间就已经到了。她几次三番请求妈妈能不能给她多一些时间看电视，妈妈回答："我可以给

你多一些时间看电视,但是我会观察你回到家里之后写作业的表现。如果你能够主动完成作业,并且把作业写得认真工整,那么我是可以考虑再给你延长半个小时的,也就是你可以看一个小时电视哦。前提是你要在三点半到五点半之间完成正常的作业量,除非作业量特别大,你才能够有所延迟。"听了妈妈的话,冉冉赶紧答应了妈妈的要求。经过三天的观察,妈妈发现冉冉回到家里之后的确很积极主动地完成作业,因而把冉冉看电视的时间从半个小时延长到了一个小时。

很多父母都为孩子放学之后不能够主动完成作业而感到烦恼，这是因为父母都要工作，不可能每天都留在家里看着孩子写作业。如果孩子没有养成主动完成作业的好习惯，而家里的老人又照顾不了孩子，或者是家里根本没有老人，那么孩子回到家里就全凭自觉才能完成作业，有的孩子如果自觉性比较差，在学习上就会一落千丈。

通常情况下，老师每天都会布置作业，这就意味着作业成为了孩子的必修课。对于每天都要进行的事情，如果父母总是要靠督促和催促才能逼着孩子完成，这样无疑是非常辛苦的，这不但会使孩子完成作业的质量大打折扣，而且会使亲子关系变得紧张。明智的父母哪怕花费大力气，也要培养孩子主动完成作业的好习惯，这样的孩子每天放学回到家里之后，理所当然地就开始写作业，父母也就不用再为孩子的作业而操心费神了。

Day 2　今日事，今日毕

经过一段时间的调整，妈妈终于帮助冉冉养成了主动完成作业的好习惯。这样一来，冉冉放学回到家里之后，妈妈就不用再一边工作一边惦记着冉冉有没有开始写作业了。但是孩子的身上总是会层出不穷地出现各种问题。主动完成作业的好习惯才刚刚养成，妈妈就发现冉冉换了另一种方式拖延。例如，有的时候，老师会布置一项作业，要求孩子们在两天之后上交。大多数孩子有良好的学习习惯，在知道这项作业需要完成之后，会在完成当天晚上的作业之后就当即着手完成这项不着急上交的作业。冉冉却恰恰相反，她哪怕提前完成了所有作业，只剩下这项不着急的作业有待完成，也不愿意当即完成这项作业，而是会采取拖延的方式，把这项作业安排到次日完成，或者是安排到任务交差的前一天完成。这就使得冉冉总是等到最后关头才能仓促地完成这项不着急上交的作业。那么如何才能改变冉冉这种刻意拖延的坏习惯呢？

有一次，学校老师安排孩子们制作小报。冉冉没有提前制作小报，而是计划等到要上交小报的前一天晚上才开始做。结果，让她没有想到的是，这天晚上的作业非常多，相当于平时的两倍之多，所以当她用了很多时间终于完成作业后，才想起自己还有小报没有完成呢！这个时候已经是晚上八点多了，制作一份小报要花费两三个小时，这也是老师提前一个星期布置小报作业的原因。要想在一两个小时的时间内完成两三个小时的工作量，这个难度对于冉冉而言实在是太大了。所以冉冉完成小报的质量非常差，她敷衍了事地完成了小报，次日拿去给老师交差。结果，冉冉被老师在全班点名批评了一顿，老师还把这件事情告诉了冉冉妈妈。正是因为如此，妈妈才意识到必须当即让冉冉养成今日事今日毕的好习惯，否则冉冉的这种另类拖延将会变得越来越严重，还可能带来更糟糕的后果。

借助冉冉这次做小报被老师批评的机会，妈妈语重心长地对冉冉说："冉冉，很多事情如果提前做的话，那么即使做得不好，也有机会去弥补。如果总是延迟到后面去做，由于你不知道后面还会有什么事情，或者还会发生哪些意外的情况需要处理，所以你就会非常被动。就像这次做小报，如果你早一点开始，提前做完小报，那么即使上交的前一天上作业很多，也不会影响到你。但是你拖延到最后一天，又无法预知最后一天的作业量多少。如果作业很少，你可以仓促地完成小报，但是如果作业很多，你就只能敷衍了事了。"听到妈妈的话，冉冉重重地点点头，她觉得妈妈说得很有道理，虚心地回答："妈妈，的确是我考虑不周，我以后一定会尽量早一点完成小报作业。"妈妈补充道:"不仅仅尽量早一些完成小报作业,而是要把很多能提前的工作,都提到前面完成。"

孩子的自制力毕竟是有限的,当下次再遇到这样的事情时,冉冉还是会把事情安排到后面,因为孩子总是贪图安逸和享受。为了帮助冉冉养成提前做好很多事情的好习惯,妈妈会适度地提醒冉冉不要再犯同样的错误。在妈妈几次三番的提醒下,冉冉终于改掉了做事拖延的坏习惯。她既能够做到今日事今日毕,还能够对于可以今日也可以改日做完的事情,只要今日有时间,她就会安排在今日的日程中。就这样,冉冉终于不再被时间追赶着向前了,而是能够主动地跑在时间前面,成为时间的领跑者。

人的本能就是趋利避害,很少有人愿意吃苦在前,享乐在后。虽然现实逼得我们必须认识到这个道理,让我们知道在做很多事情的时候要坚持吃苦的原则,但是在可以选择的情况下,我们还是会情不自禁地选择先享受再吃苦,或者最好是享受之后不再需要吃苦。孩子当然也是如此,孩子的自制力原本就比较差,并且还没有发育成熟,所以父母应该给予孩子更强大的助力。当发现孩子出现偷懒或者拖延的苗头时,父母要及时提醒孩子,尤其是当孩子因此而吃到苦头的时候,父母不要嘲笑或者讽刺孩子,而是要借助这个机会给孩子讲清楚其中的道理。对于稍微大一些的孩子而言,相信他们一定会理会父母的良苦用心,也知道自己应该怎么做。

今日事今日毕是非常好的学习和生活习惯。没有人知道明天会发生什么，所以也就没有人能够确定自己一定能够在明天做出更好的表现。在这种情况下，与其把今日能够做完的事情拖延到明天，还不如趁着今天有时间早早完成。如果明天没有意外的事情需要处理，那么可以享受一个轻松愉快的夜晚当然也是非常美好的。相反，如果我们把事情留到明天，那么，虽然今天的夜晚是相对轻松的，但是我们的心里总是会有所惦念。只有把事情都按照合适、正确的顺序完成，我们才能感受到真正的轻松愉快。

Day 3　劳逸结合，动力持久

马上就要进行小升初考试了，宁宁最近在学习上特别用功和努力。每天晚上，他都主动学习到11点多，早晨6点就起床，背诵语文和英语。看到宁宁这么辛苦，妈妈感到非常担心，她几次三番提醒宁宁："学习是长久的事情，并不能靠着临时突击就考取好成绩，尤其是在这样的大考前，我觉得这超负荷的复习可能有效，但是保持充足的休息是最重要的，不然第二天上课精神倦怠，反而更容易影响学习效果。"

对于妈妈的提醒，宁宁总是不以为然，他对妈妈说："你还是快去睡觉吧，你只要保证早晨给我做营养丰富的早餐，我就一定能够在学习上有更大的进步。"听了宁宁的话，妈妈非常无奈。有的时候，妈妈已经睡醒了一觉，发现宁宁房间里的灯还在亮着呢，不由得很担心宁宁的作息。

有一天，妈妈正在上班，突然接到老师的电话，说宁宁感到头晕，特别不舒服。妈妈赶紧向领导请假，第一时间就赶去了学校。在校医务室里，她看到了脸色苍白的宁宁。校医已经为宁宁进行了全面的检查，他对妈妈说："孩子可能是因为过于疲劳才会出现低血糖的情况。一方面要给他加强营养，一方面要让他保持充足的休息。"妈妈当即对宁宁说："你看吧，最近你总是点灯熬油地学习，妈妈早就提醒过你要保证休息。现在你这样是上不了课的，这是不是反而更影响学习呢？这次一定要休息好，继续复习的时候也不能透支自己的身体啦！"宁宁郑重其事地点点头，这次突然头晕也让他意识到了危险。从此之后，宁宁在学习上再也不会涸泽而渔了。不管应对怎样的考试，他都坚持在平日里巩固学习的效果，这样考试之前就不用那么拼命了。

考试前一天晚上，老师没有布置作业，这是一个非常轻松的夜晚。原本宁宁准备留在家里继续看书复习，但是妈妈却提议道："听说最近有一部非常好的电影，咱们一起去看，好不好？"对于妈妈的提议，宁宁有些迟疑。这个时候爸爸说道："我听说学习的最高境界就是大考大玩，小考小玩。这只是一次小升初考试，不算特别的大考，我们就去看一场电影略微放松一下吧。说不定等你高考的时候,我会先带你去旅游几天呢!"听到爸爸的俏皮话,宁宁忍不住笑起来。就这样,宁宁终于彻底放下了复习这根弦,他和爸爸妈妈一起去看了一场电影。回到家里之后,宁宁洗了个热水澡,舒舒服服地睡了一觉。次日早晨,宁宁感觉自己就像满血复活了一样,神采奕奕,状态前所未有地好。他兴奋地对妈妈说:"妈妈,我觉得自己的状态特别好,我想我这次一定能够考出好成绩!"妈妈不想给宁宁太大的压力,因而说道:"不管你考得如何,只要你尽力了,爸爸妈妈就为你感到骄傲!"

事例中,妈妈说得很有道理。如果因为过度透支体力,投入大量时间和精力复习,结果反导致身体出现问题,那么这更是会影响学习。学习是一个长期的过程,只靠着朝夕之间的努力是不能一蹴而就获得成功的,孩子们只有坚持劳逸结合,才能在学习上保持可持续性发展,也才能获得更为持久的强劲动力。

要想做到劳逸结合,具体来说,要怎么做呢?首先,父母不要总是对孩子施加压力。如今,很多父母都处于教育焦虑状态,他们自身感受到很大的生存压力,在无形之中又会把这种压力转嫁到孩子身上。其实,在人生的每个阶段,都有不同的任务需要完成,孩子的主要任务就是玩耍和学习,就是健康快乐地成长。也许孩子长大之后同样会面临巨大的生存压力,但是现在他们并不应该为此而付出代价。

其次，当发现孩子过度放松或者是过度疲劳的时候，父母要引导孩子调整好状态，做到劳逸结合。人的神经就像一根松紧带，如果长期处于紧绷的状态就无法复原，这是因为松紧带的松紧被损伤了；相反，如果始终处于放松的状态，那么也就很难更好地延伸。由此可见，只有保持张弛有度的良好状态，孩子们才能发挥出自己的最高水平。

最后，现实生活中，父母们应该给孩子做好榜样。有些父母一旦工作起来，就像拼命三郎一样不管不顾，既不管自己的身体健康，也不顾家庭生活，而这些行为都会给孩子造成负面影响，使孩子误以为只有拼命才是应该有的生活态度。如果父母在生活中注重仪式感,在感到紧张的时候能够想办法放松,在觉得放松的时候也能够鞭策自己更加努力,那么父母的言行举止就会对孩子施加积极的影响,孩子也会模仿父母的样子,甚至有更好的表现。

Day 4　认真仔细,一步到位

甜甜是一个活泼开朗、外向大方的女孩,进入小学一年级之后,妈妈原本以为甜甜在学习上的表现会非常出色,结果却发现甜甜常常粗心大意,经常犯一些错误。例如,上次考试甜甜只考了87分,这是为什么呢?原来,甜甜把一道大题目做错了。这道大题目上有三个田字格,甜甜却把这三个田字格当成了两排小格子,把字写在了小格子之中。看到甜甜错得这么离谱,妈妈感到很无奈。她对甜甜说:"你下次写作业、写试卷的时候,能不能仔细看一看题目呀?如果你多了这九分,是不是就能考96分了呢?"

甜甜也觉得很遗憾,她当即表示以后会更加认真仔细。但是江山易改,禀性难移,一旦形成了马马虎虎的坏习惯,再想认真细致起来可是很难的。妈妈决定从细微处着手,从现在开始好好培养甜甜认真细致的习惯。

以前妈妈很少关注甜甜完成作业的情况,自从发现甜甜犯了如此低级的错误之后,妈妈就开始关注甜甜的作业。为了鼓励甜甜更加认真仔细地完成作业,妈妈还制定了以下措施。如果甜甜能够认真仔细地完成所有作业,保证正确率,那么妈妈就可以奖励甜甜看半个小时动画片;反之,如果甜甜完成作业时因为粗心马虎漏掉题目,或者犯了不该犯的错误,那么甜甜非但不能看半个小时电视,还要额外多做一些课外作业。

对于妈妈的这个奖惩措施,甜甜表示很支持。原来,她最喜欢看电视了,很愿意通过认真写作业的方式让自己自由自在地看精彩的动画片。自从制定了这个规矩之后,妈妈发现甜甜写作业的时候特别爱用橡皮,这是因为她写完作业会检查,

如果发现不够完美，就会用橡皮擦掉。结果，甜甜写半个小时的作业，书桌子上往往有很多橡皮屑，作业本也被擦得脏兮兮的。为此，妈妈又追加了一条规矩，那就是在写作业的时候不但要保证正确率，还要非常认真，尽量减少错误，这样才能一步到位，既保证了正确率，也减少了用橡皮的使用次数，更能够避免作业本被擦得脏兮兮的这种情况发生。

甜甜认为妈妈说得很有道理。第一天，她还是和以往一样不停地擦，但是随着时间的流逝，在妈妈的反复叮咛和提醒之下，甜甜的字迹变得越来越工整干净，甜甜很少再用橡皮擦了。结果，甜甜因为作业工整美观，还得到了老师的表扬呢！

孩子在学习方面的好习惯都是要慢慢养成的。例如，有些孩子的作业本非常脏，还会被橡皮擦擦破，不得不用透明胶粘贴上。试想，老师看到这样的作业本，心里能感觉舒服吗？如果孩子的作业本干净整洁，很少用橡皮擦擦，而且字迹工整美观，那么老师在看这样的作业时一定会赏心悦目。在孩子写作业的过程中，父母要有意识地培养孩子认真仔细的好习惯，写得认真，写得美观，写得细致，孩子的作业才能有更高的颜值。这样一步到位的作业没有多余的工序，作业本看起来也会非常清爽。

除了要在字迹方面保持干净整洁之外，在完成数学题的时候还要态度认真。有些孩子写作业的态度非常的不认真，常常三心二意，看到题目连想都不想就下笔，结果写完之后才发现写的是错的，这时就要用到橡皮擦。也有一些孩子粗心到家了，他们在写完作业之后从来不检查，即使做错了也没有察觉，直到老师批改完作业给他们打了一个大大的红叉，他们才意识到自己这道题目做错了。不得不说，这都是学习的坏习惯，对孩子的学习百害无一利。

也有些父母认为平时的作业并没有那么重要，只要考试的时候考出好成绩，孩子就已经做得很到位了。父母不知道的是，如果孩子平日里粗心马虎成了习惯，那么等到考试的时候，他们很难马上改正坏习惯。所以父母要在平日的学习中就注重培养孩子的好习惯，抓住孩子学习的点点滴滴，对孩子加以引导和帮助，这样孩子才能在考试的时候贯彻认真细致的原则，才能在如愿以偿地取得好成绩。

Day 5　独立思考，不迷信权威

作为世界知名的音乐指挥家，小泽征尔曾经在参加世界指挥大赛的时候，受到过严峻的考验。他因为坚持独立思考，坚持主见，最终通过了考验，从此在国际音乐界声名大噪。

在这次比赛中，小泽征尔出场的顺序比较靠后，他拿到乐谱之后先熟悉乐谱，然后才开始指挥乐队演奏。在演奏过半的时候，他突然听到了一个不和谐的音符。小泽征尔以为这个不和谐的音符是因为自己指挥错误或者是某个演奏者出现错误导致的，所以他当即组织乐队重新开始演奏。令人没想到的是，当演奏到同样的时刻时，又出现了这个不和谐的错误。这时，小泽征尔非常确定这个错误是乐谱自带的，所以他当即向大赛组委会提出异议。

大赛组委会是由音乐界知名的专家、权威组成的。在这次比赛中，他们都有至关重要的作用。当听到小泽征尔说乐谱有问题的时候，他们当即表示否定。他们告诉小泽征尔："乐谱是绝对不会出错的！"但是小泽正尔沉思片刻后，仍然非常坚定地说："我很肯定就是乐谱出错了。"结果，小泽征尔得到了组委会全体成员爆发出的热烈掌声。他们全都站立起来，雷鸣般的掌声经久不息。

原来，在小泽征尔之前已经有两个音乐指挥家在演奏到一半的时候觉察到错误，他们虽然也找组委会反馈了这个错误，但是在组委会坚持认为乐谱没有错误的情况下，他们还是选择怀疑自己，否定了自己的判断。只有小泽征尔坚定地认为是乐谱出错了，并没有因为畏惧权威就改变自己的想法。正是因为如此，小泽征尔才能经受住组委会特意设置的漏洞的考验，在这次比赛中赢得大奖。

在心理学领域，有一种心理现象叫作从众心理。意思就是说，人们很容易产生随大流的想法，也很容易坚持随大流的做法。尤其是当他人是某个领域的权威时，人们就更容易放

音乐指挥家——小泽征尔

弃自己的独立思考，选择相信权威的言论或者做法。在这样的情况下，人们自然无法坚持自己的主见，会盲目地顺从他人。显而易见，这对于我们坚持践行自己的思想和理念是绝无好处的。

要想培养孩子学习的好习惯，父母除了要帮助孩子养成按时写作业，做到今日事今日毕等，还要帮助孩子学会独立思考。有一些孩子在面对难题的时候，往往已经形成了依赖性，他们会第一时间向父母求助，或者向老师同学求助，这就使得他们失去了独立思考的机会。在求助于他人的过程中，他们总是盲目地采信他人的做法，甚至还会因此而终止自己的思考，这都会限制他们思维能力的发展，也使他们变得盲目从众。

为了培养孩子独立思考的能力，父母应该做到以下几点。首先，当孩子在学习的过程中遇到难题的时候，父母不要急于告诉孩子答案。只有在孩子经过一段时间的思考，没有找出答案的情况下，父母才可以给予孩子引导和启迪，而最好不要直接把答案告诉孩子。在此过程中，父母还可以和孩子一起列出已知条件，分析如何才能够求出未知条件。在此过程中，孩子会体验到思考的魅力，而且由于凭借着自身的能力解决了问题，他们也会感到非常兴奋。获得成就感。

其次，要有意识地引导孩子进行思考。如果孩子在生活中过于顺遂，很少有机会进行独立思考，那么父母可以设置一些难题，给孩子提供思考的机会。比如在生活中遇到一些奇怪的现象时，可以和孩子一起去探究现象背后的原因，这样能够激发孩子的好奇心和求知欲，让孩子更愿意坚持做得更好。

再次，当孩子质疑父母的观点时，父母不要批评和训斥孩子，而是要激励孩子说出自己的想法和理由。很多父母在家庭生活中都处于高高在上的地位，认为孩子必须无条件服从父母，却不知道这样的强权高压政策会把孩子变成父母的傀儡。真正明智的父母当发现孩子有可能发出不同的声音时，反而会感到非常开心和欣慰，因为这意味着孩子不再是父母的附属品，他们拥有了独立思考的能力，会提出自己的见解。父母教育孩子的终极目的正是让孩子从依赖父母到走向独立，变得越来越自信坚强，能够独当一面。

最后，营造民主和谐的家庭氛围。在很多家庭里，父母是权威，他们不允许孩子发表不同意见，强求孩子必须听从父母的安排。在这样的家庭环境中成长，孩子的独立性会变得越来越差。对于孩子而言，真正适宜的家庭成长环境应该是充满爱与自由的，是民主和平等的。在家庭生活中遇到很多事情的时候，父母可以邀请孩子一起参与，或者一起商讨，让孩子表达意见。如果孩子提出的见解是有道理的，那么父母要积极地采纳，这样才能激发孩子持续思考的动力，让孩子更愿意展开实际行动去解决难题。

Day 6　周末课程之三：坚持阅读，开阔眼界

八岁的可乐是一个不折不扣的低头族。他虽然才上小学二年级，但是手机瘾可不小。每天放学回到家里之后，可乐就会第一时间跟妈妈要手机，先坐在那里玩半个小时游戏，然后再以写作业要用手机为由，把手机拿到自己的房间里，坐在书桌前一边敷衍了事地写作业，一边时不时地看一个有趣的视频，还常常被视频逗得哈哈大笑。听到可乐的笑声，妈妈百感交集，她既想批评可乐，但又担心这会伤害可乐的自尊心。妈妈很发愁，她不知道如何才能改变可乐沉迷于手机的现状。可乐现在还小，但是随着渐渐长大，他的手机瘾也会越来越严重，

这可怎么办呢？

有一段时间，妈妈试图没收可乐的手机，不让可乐使用手机。但是可乐对此非常抵触，有的时候看到可乐无所事事的样子，妈妈也会有些心疼。因此每到周末，妈妈就不对可乐使用手机加以限制。结果，可乐还没有染上更大的手机瘾呢，眼睛就先出现了问题。这段时间，可乐总说自己上课的时候看不清楚黑板，妈妈原以为可乐是故意这么说的，想引起她的关注。后来，可乐经常抱怨，于是妈妈就带着可乐去医院里检查眼睛，可乐被确诊为近视眼。医生对妈妈说："现在很多孩子小小年纪就患近视眼了，这都是因为他们过多地使用电子产品。如果父母不能管好手机，那么孩子的视力状况只会越来越糟糕。"听到医生的话，妈妈更紧张了。

周一，把可乐送到学校之后，妈妈就去参加了一个教育专家的讲座。讲座结束之后，在家长提问环节，妈妈费尽努力才争取到提问的机会。她最想问的是：如何才能帮助孩子戒掉手机瘾。专家对此给出了非常详细的回答。专家知道这是困扰大多数父母的一个问题，他的一条回答给了妈妈很大的触动，那就是要让孩子的生活更充实，而不要让孩子无所事事。尤其是要把孩子对手机的兴趣转移到其他方面，例如让孩子喜欢阅读。和看电子产品相比，阅读能够开阔孩子的眼界，丰富孩子的心灵，还能够保护孩子的眼睛，可谓一举两得。

听了专家的话后，妈妈突然茅塞顿开。回到家里之后，妈妈就制订了详细的阅读计划。为了避免可乐有意见，妈妈制订的计划是针对全家的。因为妈妈觉得专家说得非常有道理，父母只有先放下手机，孩子才能放下手机，否则孩子永远也不能戒掉手机瘾。

当天下午爸爸下班回家才刚刚进门，妈妈就向爸爸公布了新的规定。虽然爸爸有些抵触，但是妈妈向爸爸晓以利害，使爸爸意识到这样做的目的是为了孩子好，所以他必须配合。在和爸爸达成共识之后，妈妈当天晚上就召开了家庭会议，要求全家人要利用每天晚上的时间坚持阅读，周末还要开辟亲子阅读时光。此外，妈妈特意腾出了一个房间作为书房，还网购了几千元的书来充实书房呢！看到妈妈如此大动干戈，可乐知道妈妈这次是动真格的了，他只能配合妈妈坚持阅读。经过一段时间的坚持之后，全家人渐渐地感受到了阅读的魅力，再也不想沉迷于手机了。

孩子的成长离不开书香的浸润，然而偏偏现在有很多孩子因为沉迷电子产品很少读书，这使得他们的视野非常狭窄。在遇到很多问题的时候，他们也没有睿智的思想进行理性分析。其实这不仅仅是孩子自身的原因导致的，主要是因为在家庭生活中，很多父母本身就是低头族，这给孩子营造了不良的家庭环境。孩子原本就因为年纪小而缺乏自控力，很容易随波逐流，尤其喜欢模仿父母的言行举止。当发现父母沉迷于电子产品的时候，他们又怎么能控制好自己呢？

培养和激发孩子的阅读兴趣,除了要在家里准备很多书,为孩子营造专门的读书空间之外,还可以开辟亲子共读时光,和孩子一起读书。如果家庭条件允许的话,那么父母还可以带着孩子经常去旅游,去到书中讲述的地方,让孩子亲身感受当地的风土人情,也把书中所读到的内容与现实的生活联系起来,这样就能够使孩子产生更浓郁的阅读兴趣。读书是非常便捷的学习方式,孩子热爱阅读就可以做到足不出户就知晓天下大事,不需要时光机进行穿越就能博古通今。阅读是孩子应该终身保持的好习惯,也必将使孩子受益无穷。

Day 7　周末课程之四：引导用好电子产品，为学习助力

说起帮助孩子戒掉电子产品这件事情，很多父母都感到非常为难，这是因为虽然父母认识到过度使用电子产品会危及孩子的身心健康，但是在生活中有很多情况下都离不开电子产品。例如有些老师会把作业布置在QQ群里或者是APP上，如果没有智能手机，孩子就无法及时知晓作业，也无法及时上传作业。另外，很多应用程序都要下载在手机上，要借助于智能手机才能使用，这就使得不管是成人工作还是孩子学习都无法与电子产品彻底脱离关系。那么，父母要做的不是杜绝孩子与电子产品接触，把电子产品从孩子的学习和生活中彻底清除出去，而是要引导孩子用好电子产品，这样电子产品才能在孩子的学习中发挥积极的作用。

有人说，网络是一把双刃剑，既给生活带来了很多便利，也给生活带来了很多麻烦，电子产品也同样如此。凡事都要以辩证唯物主义的眼光一分为二地看待。对于电子产品，父母们也要怀着理性的态度。有些父母把电子产品视为洪水猛兽，认为孩子绝对不能接触电子产品，否则就会像沾染上毒瘾一样无法戒除。其实，这是把电子产品妖魔化了。电子产品只是一种工具，我们只要将其运用到正确的地方，把握好使用的频率，电子产品就能够对给我们的生活以强大的助力，给我们的学习带来很多便利。但是如果我们不能控制好自己，总是过度延时

使用电子产品，成为低头族，那么电子产品非但不会让我们的学习得以提升，反而会使让我们在学习中陷入被动的状态，甚至使我们的学习表现一落千丈。

那么，父母如何才能引导孩子使用好电子产品呢？首先，父母要做孩子的好榜样。现在，很多父母使用手机看无趣的网页或者无聊的视频。当父母总是这么做的时候，孩子无形中就会学习父母的言行举止，利用电子产品消磨时间。对于孩子而言，时间是非常宝贵的，例如，有些孩子作业还没写完呢，拿起手机就不知不觉看了一个小时，这样孩子不得不占用一个小时的睡眠时间来完成作业，显然不利于孩子的身心健康。

认识到这一点之后，父母再也不要当着孩子的面用电子产品进行无聊的消遣和娱乐，而要借助于电子产品进行学习。例如，父母可以当着孩子的面用电子产品查询重要的知识，或者下载有用的app，帮助自己做好很多事情，这样孩子就会认识到手机是拿来用的，而不是拿来玩的。

其次，孩子毕竟自控力有限，在把电子产品交给孩子的时候，父母应该预先做好准备工作。例如，现在有很多防火墙都可以阻挡那些无聊的网页或者有毒的视频，那么父母在把使用手机的权利交给孩子的时候，可以通过下载这些防火墙来给孩子使用的电子产品增加一道道屏障。虽然这些屏障并不能完全过滤掉那些不良的信息，但是至少比把孩子无保护地曝光在网络的世界中更好。

再次，父母要为孩子订立规矩，告诉孩子每天什么时候可以玩电子产品，可以玩多长时间，这就相当于帮助孩子形成自律的习惯。有些孩子一旦拿起手机就完全忘了时间，在这样的情况下，父母还要制定奖惩措施，如果孩子能够遵守时间，就给孩子怎样的奖励；如果不能遵守时间，又给孩子怎样的惩罚，这样孩子才能更好地自律。

最后，在使用电子产品学习的时候，要讲究方式方法。很多孩子并不知道网络有多么强大的功能，他们在通过网络了解到一些不良信息之后，马上就会沉迷于其中无法自拔。当认识到网络更加积极强大的作用之后，他们就会以更好的方式利用网络，使用电子产品，而不会只把电子产品用于无聊乏味的娱乐活动。在此过程中，父母对孩子的引导也是非常重要的。当父母坚持对孩子做出好的引导，孩子就会正确地使用电子产品，也会大大地提升学习效率。

总而言之，在现代社会中，网络已经完全普及，家家户户都有电子产品，几乎人手一部手机，就连很多小孩子都有智能手机。在这种情况下，手机与生活的联系是非常紧密的。作为父母，一定要控制好自己的使用频率，才能以身示范，帮助孩子与电子产品保持适度的距离。

第三周

社交好习惯，处处受欢迎

社交能力对于孩子的成长和一生而言都是至关重要的能力，它将会影响到孩子的人生发展，以及孩子在人生中能否获得幸福感和满足感。如果父母注重培养孩子好的社交习惯，那么孩子在社交生活中就能够如鱼得水，游刃有余，处处受人欢迎。反之，如果孩子没有良好的社交习惯，在社会交往中就会寸步难行。明智的父母一定要未雨绸缪，从孩子小时候就有意识地培养孩子形成良好的社交习惯，让孩子能够在朋友的陪伴下，在友谊的滋养中，健康快乐地成长。

Day 1　懂文明讲礼貌，处处受欢迎

周日，爸爸妈妈带着小丽回爷爷奶奶家。自从春节之后的半年多来，这是小丽第一次回爷爷奶奶家，小丽已经很久没有见到爷爷奶奶了，她非常兴奋。到了爷爷奶奶家之后，和爷爷奶奶吃了团圆饭，爷爷奶奶提出让爸爸妈妈去看望一个亲戚。这个亲戚家住得离小丽家不远，爸爸原本想开车去，但是想到村道很狭窄，最终还是决定骑自行车去串门。他和妈妈已经很久没有骑自行车了，他们想把这次骑自行车之旅当成外出兜风，小丽也很想坐着自行车出去兜风，所以爸爸妈妈就带着小丽一起出发了。

让爸爸没有想到的是，半年多来，村子里的变化非常大，村与村之间都修通了水泥道路，不再是以前的小泥路了。爸爸记忆中的泥路不复存在，他都找不到亲戚家住在哪里了，只是找到了亲戚家的村庄。进了村之后，爸爸满眼看到的都是楼房，感到非常震惊。他已经有几年没来亲戚家了，印象中亲戚家所在的村落有很多低矮的小房子，但是现在一切都大变样了，这可怎么办呢？打道回府的话，爸爸妈妈不甘心，毕竟骑自行车过来还挺远的呢。但是他们又没有亲戚的电话，所以只

能打电话给奶奶。于是奶奶遥控指挥,但是说得一点都不清楚,说了半天也没有指挥爸爸找到亲戚家。

这个时候,小丽自告奋勇地说:"我去问路吧!"说着,小丽跑到前面一个老爷爷面前问:"喂,你知道有个小孩叫刘军吗?"老爷爷莫名其妙地看着小丽,一言不发,小丽又说:"喂,我问你认不认识刘军呀。"老爷爷摇摇头,小丽只好悻悻地离开了。这个时候,爸爸意识到了问题的所在,对小丽说:"小丽,你刚才怎么不称呼那个老爷爷呢?"小丽反问爸爸:"我该称呼他什么呢?"爸爸说:"当然是爷爷呀!你只是用喂喂来称呼别人,别人怎么愿意回答你呢!"说着,爸爸走过去问那个老爷爷:"老大爷,你好呀。我想麻烦您问一下,您知道刘军家住哪儿吗。刘军是个小孩,大概十二三岁。"爸爸话音刚落,老爷爷一改刚才的样子,热心地为爸爸指路。他指着道路尽头对爸爸说:"往前走,一直走到那个岔路口,再往右一拐就到了。"

爸爸回到妈妈和小丽身边,语重心长地对小丽说:"看看吧,同样都是问路但我们得到的结果却是不同的。因为你一点都不懂得礼貌,所以人家不愿意帮助你。而爸爸非常有礼貌,所以老爷爷才愿意告诉我。如果有需要的话,我相信老爷爷甚至愿意带着我一起走过去。"小丽羞愧地低下了头。

现在很多孩子都是独生子女,他们从小在家庭生活中得到了来自父母和长辈无微不至的关爱,凡事都不需要求人,所以

没有讲文明懂礼貌的概念。当父母和长辈总是无限度地满足他们各种需求和欲望的时候,他们更是会形成以自我为中心的错误想法,认为整个地球都要围着他们转。殊不知,一旦走出家门,每个人都是平等的,都是社会中的一员,人与人之间要想友好相处,就必须讲文明,懂礼貌。特别是在面对陌生人的时候,更是要表现得彬彬有礼,这样才有可能得到陌生人的热情相助。

现实生活中,还有很多孩子从小就是家中的小霸王、小公主,他们哪怕走出了家门,走入了社会生活中,与更多的小朋友相处,也常常会表现出霸道、任性、强势、蛮横等特点,这样的孩子是不受人欢迎的。如果他们欺负了别人,那么别人还会故意疏远他们。想想看吧,对于孩子而言,朋友是多么重要啊，如果孩子因为不懂得文明礼貌就被孤立，那么他们成长的历程就会很艰难。

父母虽然很爱孩子，也常常陪伴孩子，但是父母并不能够代替同龄人在孩子成长中的作用。明智的父母从来不会纵容孩子不讲礼貌的行为，每当发现孩子说话不礼貌的时候，他们就会及时指出来。就像事例中的爸爸，在发现小丽说话不懂礼貌之后以实际行动展示给小丽示范如何才是讲文明懂礼貌，如何才能得到他人的积极回应。

每个人都是社会的一员。现代社会中，很少有人能够离群索居，人人都要学会与他人打交道，唯有如此，才能得到他人积极慷慨的帮助。从孩子小时候，父母就要有意识地培养孩子讲文明懂礼貌的好习惯。在家庭生活中，父母之间进行沟通，包括父母与孩子之间进行沟通，都应该讲文明，懂礼貌。有些父母在当着孩子的面说话很不注意，甚至还会说出一些脏话，那么这就会给孩子带来负面影响。也有一些父母在与孩子说话的时候总是毫不客气，他们以居高临下的姿态对孩子颐指气使，却不知道这样的行为不但会引起孩子反感，还会给孩子树立负面的榜样。

当孩子坚持养成讲文明懂礼貌的好习惯，他们就能结交更多的朋友，也能够得到更多的帮助。这对于孩子的成长而言，当然是大有裨益的。

Day 2　乐于分享，快乐倍增

无意间在网上看到一篇文章，其中的一句话触动了我。这句话说的是现在的独生子女不是嘴上狠，而是心里真的独。这里所说的独是孤独的独，而不是狠毒的毒。这个独的意思就是说独生子女的心中只有自己，很少有别人。这是因为他们从出生开始就独占家里所有的资源，例如有些家庭里父母本身就是独生子女，又生了一个孩子，那么作为双独父母的独生子女，孩子就会在独特的4-2-1家庭结构中拥有一切优质的资源。哪怕他们想摘天上的星星和月亮，家里人只要能想到办法，就会为他们摘下来。在这样顺遂如意条件优渥的环境中成长，他们渐渐地就会形成以自我为中心的错误思想，这使得他们在进入社会生活中之后表现出任性、自私的特点，并且不懂得分享，久而久之，这也使他们更加孤独。

很多孩子都表现出不愿意与陌生人分享，哪怕是对待父母，他们也非常自私，他们只关心自己而不关心父母，更不关心自己身边的人，这样一来，他们如何能够以与父母的关系为基础去发展更好的人际关系呢？从心理学的角度来讲，孩子在原生家庭中与父母的关系奠定了他们与其他人的人际相处关系的基础，正是因为如此，父母才要更加注重培养孩子乐于分享的品质。正如人们常说的，分享使快乐成倍增长，而使痛苦减半。当孩子学会分享的时候，他们也就洞悉了快乐的秘密。

两岁的晨晨表现出很明显的自私，如果他拿着一个好吃的食物，妈妈跟他要，他往往会表示拒绝，摇摇头，并且赶紧拿着东西走开了。但是当他想吃妈妈手中的东西时，他却会凑到妈妈面前，向妈妈微笑示好。看到晨晨这样的表现，妈妈常常担心晨晨以后会变得更自私，所以就有意识地与晨晨分享。妈妈很清楚，如果晨晨在家里不能跟父母分享，那么当他有朝一日走到社会上，也就不能与其他人分享。

妈妈是如何培养晨晨分享品质的呢？妈妈有意识地向晨晨要东西，晨晨越是不给妈妈，妈妈就越是这么坚持去做。晨晨特别喜欢吃冰糖葫芦，每次为晨晨买了冰糖葫芦之后，妈妈都会要求晨晨与她分享。一开始晨晨表示拒绝，妈妈就会很伤心，晨晨看到妈妈伤心了，就有些于心不忍，于是又把冰糖葫芦举到妈妈面前给妈妈吃。这个时候，妈妈就会很郑重其事地吃掉一粒冰糖葫芦。起初，晨晨非常心疼，但是时间久了，他就把这样的分享视为理所当然。久而久之，他养成了这个习惯，每当拿到好吃的东西，就会第一时间送给妈妈吃一口，而妈妈呢，每次也毫不客气地吃掉晨晨分享给她的东西。

有段时间，奶奶从老家过来帮忙照顾晨晨。晨晨对待奶奶像对待妈妈一样，每当有了好吃的东西就送给奶奶吃，但奶奶总是逗晨晨。晨晨不给奶奶吃的时候，奶奶会跟晨晨要；晨晨真正送来给奶奶吃的时候，奶奶却又摆摆手说"小乖乖，你吃吧，奶奶不吃"，妈妈看到晨晨的眼神里明显表现出困惑，晨晨一定不明白为何奶奶要吃却又不吃。

趁着晨晨不在面前，妈妈一本正经地对奶奶说："奶奶，晨晨给你东西的时候你一定要吃。哪怕只吃一口，也要吃。"奶奶笑着说："我哪有那么馋呀，我跟孩子要东西吃，就是逗他玩儿呢，看他舍不舍得给我吃，我可不会真的吃孩子的东西！"妈妈摇摇头说："我是跟您说认真的，晨晨给您吃东西的时候，您一定要吃，不管吃多吃少，反正得吃，不然以后晨晨就会认为别人只会向他要东西，而不会真的吃他的东西。这样一来，他的分享就是假分享，也就是我们常说的客套。"

果然，妈妈说的话应验了，有一天晚上，爸爸回到家里，晨晨正在吃冰淇淋。他摇摇摆摆地拿着冰淇淋走到爸爸面前，想给爸爸吃，但是他怎么也没想到爸爸吭哧吃了一大口。看到冰淇淋瞬间少了一半儿，晨晨的表情太复杂了，他感到难以置信，脸上露出惊奇的表情，同时又非常伤心，撇撇嘴想哭。这个时候，妈妈赶忙给晨晨奖励，她对晨晨说："晨晨现在可真棒啊，都学会和爸爸分享了！晨晨是一个爱分享的小朋友，对不对？"在妈妈的连声安抚之下，晨晨才转伤心为快乐，暂时忘记了糟糕的情绪，做到小餐桌旁开始吃冰淇淋啦！

为了对晨晨做出回报，爸爸在吃完饭之后拿了其他口味的冰淇淋吃。他和晨晨一样很爱分享，他把冰淇淋送给晨晨吃。晨晨很开心地吃了爸爸的一部分冰淇淋，看到晨晨开心的样子，妈妈趁热打铁，对晨晨说："晨晨，分享使人更快乐，对

不对？晨晨分享冰淇淋给爸爸，爸爸也分享冰淇淋给晨晨，晨晨和爸爸都很快乐。"妈妈话音刚落，爸爸也配合地做出开心的表情，晨晨若有所思，明显变得开心起来。

很多人都喜欢逗孩子，那就是在看到孩子拿着好吃好玩的东西时，他们会假装跟孩子要。等到孩子真正想与他们分享的时候，他们却又对这些东西表示拒绝。成人这样的行为往往使孩子感到很困惑，因为孩子已经决定要分享，却又遭到了拒绝，长此以往，孩子的分享就会变成做做样子而已，并不认为对方真的会要他们东西。在这种心态之下，当对方真的要他们的东西时，他们就会特别懊丧，这当然是父母所不想看到的。

父母培养孩子分享的品质，有效引导孩子真心地分享，对孩子的成长很重要。不管这个东西是孩子不愿意分享的，还是孩子很慷慨分享的，父母都要真正与孩子分享这些东西，这样孩子才能够渐渐地养成分享的好习惯。

首先，在家庭生活中，父母应该给孩子做出榜样，经常与孩子分享一些美味的食物，这样孩子就会感受到分享的快乐。其次，父母在对待他人的时候要更加慷慨大方。有些父母本身是非常小气的，在与亲戚朋友相处的时候往往表现得很吝啬，这无形中就会给孩子带来负面的影响。最后，不仅与熟悉的人分享，还要与陌生人分享。很多孩子的分享只限于熟悉的朋友之间，对于陌生的小朋友，他们则很吝啬。在这样的情况下，父母就要引导孩子拿出一些钱给乞讨者，或者把吃的东西分一些给乞讨者，当父母引导孩子这么去做的时候，日久天长孩子就会形成博爱之心，也就更加乐于分享。

Day 3 赠人玫瑰，手有余香

在一个冰天雪地的日子里，一个小男孩拎着一个篮子艰难地在积雪中跋涉。他又冷又饿，整个上午都没有卖出去一件小商品，不由得感到万分沮丧。他暗暗想道："我不想再上学了，凑学费真的太难了。爷爷奶奶那么老了，他们没有钱供我上学，我奔波了一天，也没有赚到一分钱。我真的不想再上学了，我可以赚钱养活我自己。"正在小男孩这么想的时候，他走到了一户人家的门前，小男孩非常犹豫，他实在太冷了，他无法抵御这刺骨的寒冷。他终于鼓起勇气敲响了门，过了一会儿，有一个女孩打开了门。

小男孩垂下眼睑忐忑不安地问："请问，可以给我一杯热水吗？"女孩看出来小男孩满脸通红，鼻子都冻红了，她当即对小男孩说："你等一下！"说完，女孩就转身回到屋子里。过了一会儿，女孩端了满满一大杯热乎乎的牛奶回来了。小男孩儿太饿了，他虽然很担心自己没有钱付这杯牛奶的费用，但他还是放下篮子，用双手捧起牛奶小口小口地喝了起来。很快，他的手上、心里都暖和起来了，身体也变得温暖了。

过去很久，他终于喝完了牛奶，但是他知道他的口袋里连一毛钱都没有，这可怎么办呢？他鼓起勇气看着女孩，问道："我可以晚一些送钱给你们吗？"女孩笑着对他摆摆手，说："不要钱！"男孩难以置信地看着女孩，女孩说："爷爷奶奶告诉我，赠人玫瑰，手有余香。我帮助了你。我自己也能得到快乐。"男孩真诚地向女孩表示感谢之后，女孩拿着空杯子回到房间里。男孩充满希望，迈着大步，离开了女孩的家。此后，男孩历经辛苦，再也没有动摇过求学的念头，他终于留在大城市的医院里工作，成为了一名赫赫有名的医生。

后来，女孩身患怪病，因为在本地治不好，她就变卖了家产来到大城市治病。医院看到女孩的病这么奇怪，所以特意邀请各个学科的专家进行会诊。男孩正好在此列。他看到这名患者所在的地方正是他熟悉的家乡时，心中突然涌起了一股异样的感觉。他马上奔到病房里，隔着病房的玻璃门，他看到了那个熟悉的脸庞。原来，这个患者就是当年送给男孩牛奶喝的那个女孩。

男孩什么都没有说，默默地回到了会诊室，当即向医院申请由他负责这个女孩的治疗。后来，医生们通力合作，终于为女孩儿治好了怪病，但是医疗费却是价值不菲的。护士通知女孩出院，并且拿来了出院单结算清单给女孩。女孩不敢看出院清单上右下角的金额，她很担心自己无法负担这笔昂贵的费用，也生怕自己因此而破产。最后，当她终于鼓起勇气看向结算清单的金额栏目时，发现那里赫然写着：一杯牛奶——爱德华医生。原来男孩早已为女孩结清了费用，以报答女孩当年对她一杯牛奶的恩情。

女孩在慷慨地给男孩端来一大杯热牛奶的时候，一定没有想到若干年后男孩会以这样的方式回报她。这样的巧合并不常常发生，大多数情况下，我们付出的善意都在以另一种形式在人与人之间流传着。例如我们给这个人让了座，这个人因此而心怀善念，当发现别人需要座位的时候，他也会主动让座，这就是爱的传递。

在对他人付出的时候，我们不要奢求回报。如果我们想着可以得到回报才对他人付出，那么这样的付出就不是真的付出，而会因为索取变成其他形式的投资。西方国家有谚语，叫作赠人玫瑰，手有余香。这句谚语告诉我们，当我们把玫瑰赠给他人的时候，我们的手中还有玫瑰的香气，这香气就是对我们最好的回报。在帮助他人的时候，我们也应该想到我们由此而得到的感动和满足就是最珍贵的回报，这样我们才能不求回报地帮助他人，也才能够慷慨无私地为他人付出。

在教育孩子的过程中，父母也要培养孩子拥有这样的精神，让孩子知道只有积极地对他人付出，将来才能够得到更多人的帮助。

Day 4　学会拒绝，不刁难自己

马上就要放学了，小皮正在收拾书包准备放学呢，这个时候，赵凯突然走到他的身边，给了他几张纸，对他说："小皮，你写字好看，帮我把作文抄一遍。"小皮看着赵凯，有些为难地说："但是马上就放学了。"赵凯不以为然地说："没关系，我不要求你放学之前就给我，你明天早上给我就行。"小皮还是感到很为难，因为今天晚上的作业很多，需要写到很晚才能完成。如果再帮赵凯抄完这篇作文，那么只怕小皮要到深夜才能睡觉。小皮正想拒绝赵凯呢，赵凯却不由分说地说："好哥们儿，要帮忙哦！我看好你呦！"赵凯轻飘飘地说完这句话就离开了，小皮的心里却沉重得像压了一块石头。

当天晚上，小皮加快速度写完作业后，就开始给赵凯抄作文。这篇作文非常长，他抄了整整一个小时还没有抄完。小皮是一个很实在的孩子，他想道：既然赵凯请我帮他抄，就是希望我把字写得好一点。如果我敷衍了事，那么赵凯一定不会满意的。已经到深夜11点多了，妈妈看到小皮还在伏案疾书，忍不住问道："小皮，今天的作业有这么多吗？"小皮摇摇头说："我的作业已经写完了，现在在帮赵凯抄作文。"妈妈很纳闷："赵凯的作文为什么不自己抄，而是让你抄呢？"小皮说："老师让赵凯参加作文比赛，他就写了这篇作文。但是他说自己写字不好看，我写字好看，所以放学之前就交给我誊抄了。"妈妈看到小皮老实巴交的样子,对小皮说:"小皮呀小皮,人要善良,但是不能太善良。如果没有原则地善良,那么是会被人欺负的。你看,每个人每天都要写作业,作业量还不少呢。正常情况下,你写完作业十点半之前就可以睡觉了,但是现在已经十一点多了,你还没有抄完作文。你睡得太晚,明早就起不来床,即使勉强睁开眼睛起了床,到了学校,也会因为困倦而影响听讲。最重要的是,这样的事情已经发生不止一次两次了。班级里不管谁有事儿,只要能让别人代替自己去做,他们都会来找你。我想这件事情的原因其实在你身上,你知道吗?"

小皮听着妈妈的话若有所思,过了很久,他才迟疑地点点头说:"但是您不是告诉我要乐于助人吗?"妈妈说:"乐于助人和不懂得拒绝他人可是两码事情。乐于助人是自己愿意帮助别人,不懂得拒绝却是被动地帮助别人。尤其是那些人总是提出不情之情,不考虑你的实际情况,一股脑地把活儿都塞给你,那你可怎么办呢?打个比方说吧,以后走上工作岗位,每个人都想早早下班,不愿意留在单位加班,如果他们效率很低,到下班的时候还没有完成工作,难道都交给你吗?那你只怕到12点也下不了班。对于这样的人,你就要学会拒绝。"

小皮还是不太明白妈妈的意思,他又问道:"那如果对方的确需要帮助呢?"妈妈说:"这就需要你自己做出判断了。如果对方的确需要帮助,那么你是要伸出援手的;但如果对方只是为了偷懒,那么你一定要坚决拒绝。例如,对方突然得了急性阑尾炎，工作没有完成，那你可以帮他完成。但是如果对方只是想早一点下班去和女朋友约会，那么他完全可以在白天的时间里加快速度工作，甚至节省吃午饭的时间工作，但是不能占用你下班的时间，明白了吗？"

小皮听懂了妈妈的话，他说："那下一次我就拒绝吧。但是我很担心他们因此就不理我了。"妈妈说："如果一个人因为你拒绝了他的不情之情就不理你，那么他并不是你值得珍惜的朋友。大浪淘沙，我们一定要留住那些真正的朋友，而不要为了这些所谓的朋友委屈和刁难了自己。"小皮郑重地点了点头。

现实生活中，很多成年人都和小皮一样，他们从小就养成了不懂得拒绝他人的坏习惯，所以在人际交往中他们往往处于非常被动的状态。他们因为太过于好心，总是不能拒绝他人，所以就很容易被那些故意拖延、想要偷懒的人所利用。在这种情况下，他们会因此影响自己正常的工作进度，还会影响自己正常的休息。父母要在孩子小时候就有意识地培养孩子懂得拒绝，让孩子学会保护自己。

首先，父母要教会孩子区分什么是必须帮忙的紧急情况，什么是无需帮忙的非紧急情况。民间有句俗话，叫作救急不救穷。意思是说，当别人因为遇到紧急情况而需要钱的时候，那么我们可以借钱给他们；如果别人只是因为懒惰不愿意挣钱才受穷的话，那么我们是不能借钱给他们的。帮忙也要遵循这样的原则，当别人出现紧急情况的时候，我们要慷慨地伸出援手

帮别人，当别人只是因为拖延而没有完成工作的时候，我们一定要坚决拒绝。

其次，帮忙要量力而行。每个人的能力都是有限的，每个人的时间精力也是有限的。如果孩子总是帮别人的忙而影响自己的学习，那么孩子就会陷入被动的状态。例如，孩子为了帮同学写作业而对自己的作业敷衍了事，孩子为了帮助同学做工作而导致连自己的工作都没有完成，这样反而会给自己招惹很多麻烦，其实是刁难自己的行为。

简而言之，在心有余力也足的情况下，我们可以心甘情愿地帮他人的忙。如果我们心有余而力不足，甚至还发自内心地不想帮忙，那么我们就一定要学会拒绝他人的不情之请。

最后，任何时候都要以自己为重，牺牲自己去成全他人的精神，在现代社会中已经不倡导了。这是因为一个人只有先照顾好自己，做好自己的本职工作，才有余力去顾及到他人。如果孩子不能理清楚各种事情之间的主次关系，就会本末倒置。父母要教会孩子给各种事情排序，让孩子知道先做哪些事情，后做哪些事情，还有哪些事情是可以舍弃不做的。

不懂得拒绝的孩子，总会被别人指挥和掌控，而懂得拒绝的孩子，才能成为自己的主宰，才能让自己集中精力做好更重要的事情。

Day 5　学会为他人着想

很多孩子都以自我为中心，最明显的表现就是当他们在思考问题的时候，往往只从主观的角度出发，只为了满足自己的需求，而很少考虑到他人的需求。在这样的情况下，他们就会只顾自己，表现得自私自利。其实这并不是孩子故意为之，而是因为在长期成长的过程中孩子始终作为家庭生活的焦点，得到了众人的瞩目和关注，不管什么样的需求和欲望，都会在第一时间得到满足。长此以往，孩子就自然而然形成这样的思维习惯。父母在引导孩子发展社交技能与他人友好相处的时候，要更加注重引导孩子学会为他人着想。

要想让孩子学会为他人着想，就要引导孩子从以下几个方面与他人相处。首先，能够设身处地地考虑到他人的感受。虽然我们再怎么设身处地，也不能成为他人，更不可能真正体验到他人的感受，但是能假设自己是他人，考虑自己在他人的情境中将会做出怎样的举动，对于我们理解和支持他人都是大有裨益的。

其次，尽量站在他人的角度看待和分析问题。每个人都有每个人的主见，也会有自己的苦衷。在这种情况下，我们不要盲目地指责他人。当我们不能理解他人的时候，可以先站在他人的角度看待和分析问题，这样就能够更体会到他人的感受，理解他人的苦衷。

再次，拥有共情的能力。所谓共情的能力，指的是我们与他人之间产生同样的感情。很小的孩子就会有共情的能力。例如，一岁左右的孩子在看到其他孩子哭泣的时候，他们自己也会哭泣起来。其实，孩子在这么小的时候还不能理解他人经历了什么，但是看到别人哭，他们就会产生感情上的共鸣。共情能力是人际相处中非常重要的一种能力，如果缺乏这种能力，我们与他人的交往就会陷入误区，就不能够更好地理解他人的情绪和感受。显而易见，每个人都愿意与善解人意的人相处，而不愿与那些不能理解自己的人在一起，所以共情的能力对于社会交往也是至关重要的。

最后，要学会为他人着想，丰富人生体验。很多孩子从小生活在顺遂如意的境遇之中，并不能理解他人的辛苦和为难，

例如曾经有贫困山区的孩子因为吃不饱饭而上了新闻,城市里的孩子在看到这样的新闻之后会询问父母:"他没有饭吃,为什么不吃汉堡呢?"

这样的问题使人感到啼笑皆非。城市里的孩子并非故意说出这样不通人情的话,而是因为他们从小就衣食无忧,所以他们对于饥饿并没有概念。他们哪里知道一个人如果连饭都没有得吃,又哪里会有汉堡吃呢?如果父母能够创造机会让孩子挨一次饿,那么孩子对于饥饿的体验和感受就会更加深刻。如果父母能够带着孩子亲自去那些偏远的山区看一看,让孩子亲身感受到贫困山区生活的条件多么艰苦,那么孩子就会更加同情贫困山区的孩子,从而真正做到为他们着想。

记得在电视上有一档节目非常受欢迎,叫《变形记》。

《变形记》的录制方式就是让城市的一个孩子和农村的一个孩子进行对调，各自在对方的家里生活一段时间。城市的孩子到了农村之后，一开始觉得农村很好玩，新鲜有趣，但是随着在农村生活的时间越来越长，他们会感受到生活的穷困和整日操劳的辛苦。农村的孩子到了城市之后，也会有很大的不适应，这是因为城市里有很多新鲜的东西都是他们未曾见过的，所以他们既觉得新鲜有趣，又感到很陌生。他们也会体验到城市孩子的一些烦恼，例如每天都要上课外班，学习的压力很大。通过这样的交换生活，孩子们对于对方的生活都有了更深入的了解，他们再在一起进行沟通的时候，就会有更多的共同语言。

每个人都是独立的生命体，每个人都不可能真正变成他人。在考虑问题的时候，人总是会第一时间就想到自己的情绪和感受，而很少主动考虑他人的情感。如果孩子能够养成良好的习惯，在与他人的相处过程中更多地考虑到他人的情绪和感受，那么孩子与人相处的能力就会大大提升。

Day 6　周末课程之五：三明治批评法

趁着周日，美美邀请好朋友霞霞来家里玩。霞霞和美美住在同一个小区，他们的父母也是同事，所以霞霞准备在美美家里玩一整天的时间。霞霞才在美美家里玩了半天的时间，就和美美闹矛盾了。原来,霞霞不会玩美美的乐高玩具,把乐高玩具拼得乱七八糟,美美口无遮拦地批评霞霞:"霞霞,你可真是个笨蛋呀!这个乐高玩具是很有趣的,你却偏偏要把它拼成这么难看的造型,难道你爸爸妈妈没教过你怎么拼玩具吗?难道你家里没有乐高玩具吗?"

霞霞听完美美一番话,羞愧地低下了头。她说:"我们家没有乐高玩具,这是我第一次玩。"美美更是惊讶地张大了嘴巴说:"霞霞,你们家难道那么穷吗?都没有乐高玩具!我记得你爸爸上次和我爸爸一起去美国出差的呀,这就是我爸爸上次去美国出差买的,你爸爸怎么不给你买呢?看来你家真的很穷。"听到美美这么说,霞霞伤心地哭起来。妈妈闻讯赶来,在得知事情的原委之后,把美美狠狠地批评了一通。

霞霞当即表示离开,在妈妈的强烈挽留下,霞霞才留下来吃了午饭。原本准备在美美家里玩一整天的霞霞,吃完午饭之后就告辞了。妈妈感到很不好意思,在霞霞走了之后,妈妈批评美美:"你在批评别人的时候一定要注意一下方式方法,霞霞来咱们家是客人,你可倒好,看到人家不会拼乐高玩具,就劈头盖脸一顿数落,居然还说人家穷。如果霞霞回到家里之后把这些话告诉他的爸爸妈妈,只怕还会影响你爸爸和霞霞爸爸的关系呢。你呀,可真是个捣蛋大王!"

听完妈妈的一番话,美美心里很不好受,她突然眼珠子咕噜一转,想出了一个好主意,当即反驳妈妈:"你还说我不会不批评人,你批评我不也这样劈头盖脸吗?我就是跟你学的。"美美说完之后,妈妈陷入了沉思,她仔细一想,发现还真是这么回事。因而妈妈对美美道歉道:"好吧,我跟你说对不起,这样批评你是不对的。我们一起来学习一个新的批评方法,好不好?这个批评方法叫三明治批评法。"

听说世界上还有批评人的方法叫三明治,美美感到非常好奇,当即就放下手中的乐高玩具,和妈妈一起探讨起什么叫三明治批评法。妈妈耐心地对美美解释道:"三明治批评方法就是像你爱吃的三明治一样把批评用赞美和认可包装起来。例如,我今天应该这样批评你,'美美,你今天能主动邀请霞霞来家里玩,还把自己的玩具与晓霞分享,这说明你乐于分享,是一个好孩子。不过,妈妈认为在发现霞霞不会玩乐高玩具的时候,你不应该口无遮拦地数落霞霞,而是应该耐心地教霞霞玩,这样一来你跟霞霞之间的关系会更亲密,而且霞霞也会愿意把她的玩具分享给你玩。妈妈相信在经过这次事情以后,下次再请小客人来家里的时候,你一定会成为一个更合格的小主人。'妈妈话音刚落,美美就情不自禁地鼓起掌来,她呼喊道:"哇塞,三明治批评法好神奇呀!我被你批评的时候从来没有像现在这样心情愉悦过。"妈妈被美美逗得哈哈大笑,说:"那么,如果让你认真想一想,把中午的事情再来一遍,你将会如何给霞霞指出不足呢?"在妈妈的引导下,美美思考了很长时间,最终给出了让妈妈满意的答复。

所谓三明治批评法是一个非常形象的名称,就是说把批评当成三明治里面的鸡蛋和肉松,用两片面包包裹起来,这样就不会直接裸露鸡蛋和肉松了。同样的道理,当我们用赞美和认可把批评遮挡起来,那么其他人在听到批评的话语时就不会那么反感和排斥了。

在人际交往中,三明治批评法是一个非常有用的沟通方式,尤其是在想要批评他人或者给他人指出不足的时候,为了避免惹得他人不开心,使得彼此之间的关系紧张恶劣,我们就可以使用三明治批评法,这个方法是非常有效的。

要想培养孩子学会说话,把话说好的好习惯,父母们在日

常生活中和孩子相处的时候就要多多注意。很多父母也像事例中的妈妈一样，批评孩子的时候丝毫不加以掩饰，这样就会给孩子带来负面影响，使孩子也学习父母的样子口无遮拦地批评他人。所以父母要想让孩子把话说好，自己首先要改变与孩子沟通的方式，把话说到孩子的心里去。

此外，批评他人一定要有限度，不要不分青红皂白地就把人劈头盖脸地批评一通。很多错误并不是人们故意去犯的，而是无心的，所以在使用批评法对待他人的时候要区分时机和场合，把握好力度。

在人际沟通的过程中，孩子应该以鼓励和表扬他人为主，尤其是在他人遇到困难或者遭遇失败的时候，更是要给他人以支持和力量，而不要总是批评他人。没有人愿意被批评，批评总是使人不愉快，虽然采取三明治批评法能够让批评更容易接受，但是我们也要尽量减少批评他人的次数。如果能够以鼓励和表扬的方式，让他人做出改变，我们为何不以这种让人更能接受的方式进行沟通呢？

Day 7　周末课程之六：赞美的艺术

自从被妈妈提出要以三明治批评法为他人指出不足之后，美美虽然已经知道了三明治批评法的精髓和要义，但是却很少再批评他人，这是因为她推己及人地想到她最喜欢的是得到赞美，而不是被批评，所以只要能够用赞美来解决的问题，她都不会再贸然批评他人。在努力改变之后，美美成为了班级里最受欢迎的人。

有一天中午，作为班长的美美发现班级里坐在后排的两个同学总是说话，按照美美以前的脾气，她一定会冲过去劈头盖脸地狠狠数落他们一通，丝毫不顾及他们的颜面，还会当着全班同学的面罚他们抄写课文呢！但是在学会了说话的艺术之后，美美说话的水平明显得到了提升。她走过去对这两位同学说："这两位同学，你们一中午都在聊天，一定很辛苦，要不我给你们倒杯水润润嗓子吧。其实我觉得你们在学习上的表现还是非常优秀的，值得我们每一个同学学习。例如，你们很擅长解决难题。我知道你们今天中午最初的讨论就是在研究一道数学题。后来，你们越讨论越开心，又说起了娱乐八卦。那么我想请问一下，你们把难题解出来了吗？如果解答出来了，可否派一个代表给同学们讲一讲呢？我想同学们一定很欢迎小老师上台给大家解答。"在美美说完这番话之后，这两位同学觉得很羞愧，毕竟他们没有遵守课堂纪律，但是因为美美又说他们是小老师，所以他们又很开心。在一番谦让之后，一位同学走上讲台为大家讲述了难题。同学们为他鼓掌起了热烈的。从此之后，这两位同学再也没有在上自习课的时候破坏过课堂纪律，还常常热心地帮助班级里其他同学答疑解惑呢！

在这个事例中，美美运用了赞美的语言艺术，利用了这两位同学好为人师的心理，使这两位同学不但主动遵守课堂纪律，还能够帮助其他同学解答难题。如果美美没有采用这样的方式对待他们，而是非常严肃地批评和数落他们，指责他们破坏了课堂纪律，那么他们一定会愤愤不平，甚至辩解自己是因为讨论难题才会说话的。这样一来，美美与他们之间的关系就会很紧张，并且美美在同学们之间的威信也有可能受到损害。

赞美是人世间最美丽的语言，它具有神奇的魔力，能够得到所有人的欢迎。如果我们在面对一个人的时候，不知道应该怎样与对方搭讪或者不知道应该如何化解与对方之间的尴尬的时候，那么我们就要运用赞美的语言以发挥赞美的魔力。

在赞美的时候，我们注意以下的事项。首先，赞美要真诚。有些人在赞美他人的时候带着敷衍的态度，或者不以事实为依据而睁着眼睛说瞎话，曲意逢迎，扭曲事实，这些做法都会给别人留下糟糕的印象。赞美之所以珍贵，就是因为它是以事实为出发点的。

其次，在赞美的时候要把握合适的时机。做任何事情都只有在合适的时机下才能取得更好的效果，如果不合时宜，那么再好的举动也会引起相反的作用。赞美也要把握合适的时机。如果在他人做一件事情之后，我们没有及时赞美，而是时隔多日才想起来提起对方的好处，这样赞美效果的效果就会大打折扣。总之，赞美一定要及时。

再次，赞美要生动而又具体。有些人使用赞美的语言是非

常匮乏的,例如向他人竖起大拇指,或者说"你真棒""你太厉害了"。这样的话其实已经泛滥成灾了,甚至可以不假思索地说出来,会使赞美的真诚度大大降低。在赞美他人的时候,我们既要发现他人不为人知的优点,也要能够把这种优点详细地描述出来。如果是因为他人获得了进步,我们才赞美他人,那么我们要列举他人的改变,这样我们的赞美才是更具力量的。

最后,为了增强赞美的效果,还可以假借他人之口赞美。当着一个人的面说他人的好话,未免有恭维的嫌疑,如果我们能够当着第三者的面说他人的好话,再由第三者把我们的赞美之词转达给他人,那么他人就会对我们的赞美更加信服。这是因为恭维需要面对面进行,而无需在他人背后进行,这就大大提升了赞美的可信度,也能有效地赢得他人的好感。

第四周

情绪好习惯，打造高情商

　　人是情绪动物，每时每刻都会产生各种各样的情绪。外界或者我们自身发所发生的变化，都会使我们的情绪产生波澜，情绪控制能力强的人往往能够做到宠辱不惊，但是情绪能力控制差的人却会被情绪奴役，在情绪的驱使下做出一些冲动的行为。近些年来，情商被提升到比智商更高的位置，所以父母们要注重培养孩子的情商，这对于孩子的成长和发展都是非常重要的。

Day 1　着眼大局，掌控情绪

　　作为班级里的纪律班长，每天午休的时候，美美都要负责维持班级的秩序。有的时候，美美的脾气非常火爆，看到有同学不遵守课堂纪律，她就会严厉批评这些同学。有些同学不愿意被美美批评，就会对美美反唇相讥。结果，美美与这些同学之间就会发生很多矛盾。有的时候，老师也会很无奈地说："美美啊美美，我让你负责维持纪律是为了帮老师排忧解难，但是你却常常因此与同学之间发生矛盾，这反而让老师的烦恼更多了。你想想开学一个多月以来，老师几次去帮你救火了。你能不能改变一下自己处理问题的方式方法，让老师省省心呢？"听了老师的话，美美感到非常羞愧。回到家里之后，她把情况告诉了爸爸妈妈，爸爸妈妈忍不住哈哈大笑起来，说："美美，你脾气火爆不错，但是你作为纪律班长，可不能把同学都当成炮灰呀！"为了帮助美美管理好自己的情绪，爸爸语重心长地对美美说："美美，你作为班长要有大局观念，例如某一个同学做了小动作，或者偶尔不遵守纪律，只要他没有造成恶劣的影响，你完全可以采取睁一只眼闭一只眼的态度。如果你想让每个同学的行为表现都达到让你满意的程度，那简直是不可能的。你们班有40多名同学，他们每个人都有自己的想法，都有自己的纪律性，你不可能让他们整齐划一。只要你能够着眼于大局，掌控好自己的情绪，班级里就不会太乱，明白吗？"

美美一直在把心中嘀咕着爸爸所说的着眼于大局。第二天中午，有一个同学带了好几本课外书借给其他同学看，由此引起了小小的混乱。因为同学们都争着要看该同学的课外书，甚至还抢了起来。美美正准备发火呢，突然想起爸爸所说的话。她转念一想，压制住心中的火气，对那个带课外书来学校的同学说："这位同学，你带了这么多课外书分享给大家，说明你是非常慷慨大方的。不过我想，如果你能改变一下方式，不要在中午自习的时候进行归还或者借阅课外书的活动，而是利用课间的时候进行，那么我会更感谢你的，相信其他正在上自习的同学也会更感谢你的。"听了美美的话，这位同学一声没吭，当即点点头，又对其他同学说："等下课再换书，如果上课再来换书，我就不借了。"这句话果然奏效，那些正围在这位同学身边等着借阅课外书的同学或者归还课外书的同学当即就回到了自己的座位上，乖乖地坐好了，有的同学私下里默不作声地互相交换了课外书，也没有影响到课堂纪律。

虽然做好细节是非常重要的，但是在很多情况下，我们还是要更加注重掌控大局，因为如果大局不稳，细节哪怕做得再好，也不能对事情产生本质的改变。所谓掌控细节，就是要在稳定大局的前提下争取把细节做好，这样事情才会更加完美。

对于一个纪律的维持者而言，要学会掌控大局，控制好自己的情绪。如果总是纠结于细节，让所有的细节都触发情绪开关，那么情绪就会处于失控的状态，这样还如何能够控制整体的纪律呢？

Day 2　心怀宽容，减少焦虑

这天晚上，乐乐正在专心致志地写作业呢，妈妈把乐乐遗忘在客厅电视柜上的习字册扔到了乐乐的书桌上。这时，乐乐正背对着妈妈坐在书桌前，妈妈站在乐乐身后，无法走到距离书桌更近的地方。妈妈刚刚打扫完家里的卫生，又才洗完澡，心情大好，所以就做出了这个轻飘飘的动作。没想到的是，习册比较薄，又很轻，居然顺着风往前飞了一段距离，撞倒了乐乐的眼药水。幸运的是，眼药水是盖着盖子的，所以并没有流淌出来。

让妈妈万万没有想到的是，乐乐却因此勃然大怒，冲着妈妈喊道："你干嘛呀！神经吗？"听到乐乐说出"神经"这两个字，妈妈的神经马上紧绷起来，并且迅速进入到反击状态。妈妈当即提高语调对乐乐说："你说谁神经呢？我是你妈，你居然敢这么跟我说话，我看你才是神经呢！"就这样，乐乐和妈妈你一言我一语，由一件小小的事情引发了大大的冲突，最终他们大吵了一架。

吵完架心情平复之后，妈妈感到很后悔，她觉得自己没有控制好情绪，又想到乐乐之所以说神经，也许只是与同学之间说口头禅成为习惯了。她知道乐乐最近学习非常辛苦，所以情绪焦虑是难免的，所以她决定对乐乐更加宽容。她主动对乐乐说："今天我本来心情很好，想跟你开个玩笑，却没想到惹你这么生气。我以后会多多注意的。"听到妈妈主动向自己道歉，乐乐也非常懊悔，他对妈妈说："我也不好，我有点太焦虑了，是因为今天晚上作业比较多，我不想受到打扰。"

听到乐乐这么说，妈妈说："如果以后你不想让我打扰你，那么你可以把房间的门关上，或者告诉我你作业很多，要争分夺秒，这样我会主动避开你的。"就这样，妈妈和乐乐之间取得了谅解。乐乐在这件事情发生之后也进行了深刻的反思，意识到自己和爸爸妈妈说话应该尊重长辈，而不能像和同学说话那么随意，也意识到自己尽管作业的压力很大，学习的压力很大，但是却不能够把这种压力针对父母。毕竟父母每天为了供他读书上学，既要辛苦赚钱，又要操持家务，尤其是妈妈，每天早晨都要早早起床为他做饭，也是非常累的。

  人与人之间相处的时候，情绪会对事情的发展起到很大的影响。如果情绪平和，那么一些大事就能变成小事，小事也会变成没事；如果情绪非常焦虑暴躁，那么很多小事就会变成大事，甚至会到无法控制的地步。在这种情况下，作为父母首先要对孩子心怀宽容。有些父母总是认为自己是家庭生活中的权威，就要高高在上地对孩子发号施令，颐指气使。他们把孩子当成私有品或者附属物，给孩子以超强的压迫感。孩子小时候对于父母这样的表现也许会不以为意，但是随着渐渐成长，他们的自我意识越来越强，尤其是在进入青春期之后，当父母依然做出这种强势的表现时，孩子就会开始抗拒。

  其次，孩子要对父母怀有感恩之心。很多孩子对父母缺乏感恩之心，从出生开始，他们就得到了父母全心全意的爱和无私的付出，他们渐渐地就会认为父母所做的这一切都是应该的，又因为父母对孩子非常溺爱，常常代替孩子去做一些事

情绪好习惯，打造高情商　第四周

情，不让孩子遭受过任何挫折和磨难，更不让孩子吃任何苦，这样孩子就会身在福中不知福，对于父母拼尽全力为他们创造的良好条件并不感到满足。有些孩子还会贪得无厌，对于自己在学习方面的付出，他们却认为是在为父母坚持学习，所吃的一切苦都是为了父母。在这种错误思想的影响下，父母与孩子之间的关系就彻底颠倒了。

在家庭生活中，要想维持良好的秩序，父母跟孩子之间一定要摆正位置。父母要像父母的样子，孩子要像孩子的样子，而且父母对孩子要有宽容之心，孩子对父母要有感恩之心，这样整个家庭的氛围才会更加和谐融洽。

Day 3 与自我和解，缓解抑郁

最近这段时间，网络和新闻经常爆出青少年自杀的事件。每当看到这样的新闻，我们常常会感到痛心。作为父母，我们希望全天下的孩子都能健康快乐地成长，也希望自己的孩子能够与那些心理健康、情绪愉悦的孩子一起相处。然而，心理问题会隐藏得非常深。有一些孩子患有严重的抑郁症，却因为父母对抑郁症并不关注也不了解，所以没能及时发现他们得了抑郁症的征兆。这使得他们的抑郁症严重到不可控制，也使得他们在抑郁情绪的侵害下做出失控的举动。对于大部分孩子来说，抑郁症会使他们做出伤害自己的行为。然而，有些孩子并不是得了真正的抑郁症，而是得了躁狂症。当孩子患上躁狂症的时候，他们就会做出一些伤害他人的行为。不管是抑郁症还是躁狂症，都是很严重的心理疾病，这与父母忽视孩子的心理健康，长期不能满足孩子的情感需求是密切相关的。

最近，小雅非常痛苦。在学校里，她因为学习成绩出类拔萃，表现非常好，得到老师的喜欢，因而被校园里的两个凌霸者盯上了。这两个凌霸者对品学兼优的小雅怎么看都觉得不顺眼，还伙同其他班级里的校园凌霸者一起欺负小雅。有一天，小雅放学的时候被他们拦住了，他们要求小雅把所有的钱都给他们，还警告小雅："如果你胆敢把这件事情告诉家长，我们就会杀了你的爸爸妈妈，让你变成孤儿。"

小雅从小到大都是三好学生，哪里见过这样的事情呢，她当即吓得瑟瑟发抖。回到家里之后，她想向父母求助，又不敢告诉父母，生怕对方会伤害父母。在犹豫了几天之后，她终于还是把这件事情告诉了妈妈。

听了小雅的话，妈妈不以为然地说："小孩子的话，哪能当真呢！他们也就是随便说说吓唬人的，你不要理睬他们，继续上学就好。钱可不能给他们，他们要是这次跟你要到钱，下次还会盯着你的。你放心吧，他们伤害不到我跟爸爸。"听到妈妈轻描淡写的话，小雅更担心了。看起来，妈妈并不准备给她实质性的帮助。每天放学的时候，小雅都非常害怕被那些凌霸者拦住。为了避开那些人，小雅放学之后不敢走大路，专门走那些偏僻的地方。有一天，她正在偏僻的小巷子里奔跑，凌霸者突然出现在她的面前。他们把她打倒在地，有人用脚踩着她的头，有人用脚踩着她的手，还有人冲她吐口水。小雅大声呼救，却没有人敢过来帮她。那一刻，小雅感觉生不如死。

这件事情之后，爸爸妈妈才引起重视，因为他们发现小雅身上有伤痕。为此，他们立即报了警。报警之后，小雅更不敢去学校了，因为警察对于这些校园凌霸也没有好的解决方法。

小雅每天都躲在家里，这导致她有了严重的抑郁状态。后来，妈妈带着小雅去看医生，医生诊断小雅患上了严重的抑郁症。看到小雅的精神状态这么差，妈妈很后悔自己没有及时给予小雅关注和帮助。

在迫不得已的情况下，爸爸妈妈帮助小雅转了学，甚至还卖掉了房子，全家都搬到了一个新的地区。即便如此，小雅心中的阴影也没有被抹除。后来，有一个学习心理学的实习医生和小雅成为了朋友。他是小雅的心理医生的助理，他和小雅互相加了微信，经常和小雅聊天。在这位心理医生的帮助下，小雅最终选择了放下过去不快的经历，重新面对生活。

如果对所有青春期的学生都进行心理排查，我们也许会发现有相当一部分学生都有心理疾病或者是情绪异常。在这样的情况下，他们却被淹没在正常生活的表象之下，不曾得到他人的帮助。他们之中，即使有人因为感到绝望而发出呐喊，也未必能够得到父母的认可。对于抑郁症患者而言，当他们的情绪或者感受被他们信任的人否定时，他们就会更感到绝望和无助。

从父母的角度来说，要想帮助孩子缓解抑郁症状，就要及时关注孩子的异常。尤其是当孩子发出求助信号的时候，父母不管出于怎样的原因，都应该及时地、无条件地接纳和认可孩子的情绪与感受，然后再想办法帮助孩子解决问题。如果没有这个过程，而是不负责任地否定孩子的表达，那么孩子就会受

情绪好习惯，打造高情商 第四周

到更严重的伤害。

  幸运的是，随着人们对抑郁症越来越关注，很多的抑郁症患者都得到了及时的帮助。在日常生活中，父母作为与孩子最亲近的人，一定要及时观察孩子的情绪状态，有些孩子因为不了解相关的心理学知识，又因为不够了解自己，所以他们对于自己的很多症状并不能够及时觉察。父母作为孩子身边的人，每天都与孩子在同一个屋檐下朝夕相处。更应该能够发现孩子的异常。

  在得到父母的谅解和接纳，也能够与自己和解之后，孩子就可以有效地缓解抑郁情绪。尤其是在得到想要的帮助之后，他们会再次获得安全感，感情上的需求也会得到满足，这对于他们的心理健康是有好处的。

Day 4　充满勇气，主宰未来

这次期末考试中，乐乐因为发挥得不好考试成绩出现了很大波动，名次也下降了十几名。原本在班级里排名前5、在年级里排名前20的他感到非常失落。看到乐乐蔫头耷脑地回到家里，妈妈知道乐乐应该是在考试上出了状况，这个时候她没有批评和指责乐乐，而是理解地对乐乐说："一次考试不好不能代表什么，只要你能够继续努力查漏补缺，我想下一次考试一定会有提升的。"

乐乐懊恼地对妈妈说："如果下一次考试也没有提升呢？"妈妈显然被乐乐的这个问题问住了，她停顿了片刻才说："即使下一次考试没有改善也没关系，只要你尽力了，我和爸爸就不会责怪你。有些孩子天生就不擅长学习，但是他们只要努力向上，就会有美好的人生。不过事实证明你是学习的料子，所以你要继续努力，争取在下次考试中取得更好的成绩。如果你需要帮助，或者是需要我跟爸爸为你提供一些资源，那么我和爸爸一定会竭尽所能的。"

在妈妈的鼓励下，乐乐消极低落的情绪渐渐平复，他拿出试卷和妈妈一起分析考试失利的原因。原来，这次考试中，乐乐的数学考得不太好，数学题目非常灵活，乐乐从来没有见过这样的题型，因而成绩比平时低了十几分。如果能够加上这十几分，乐乐的名次马上就能够上升很多。相比之下，乐乐其他科目的成绩是非常稳定的，所以妈妈信心满满地对乐乐说："看吧，我们已经找到问题所在了，就是数学拖了后腿。如果数学能够得到提升，我想你的总分会越来越高的。对了，你需要报名课外班参加补课吗？我知道你们班级里数学考满分的几个同学一直参加课外班学习，如果你愿意，那么我和爸爸会为你报名的，你也可以自己选择在哪个地点参加课外班学习，一切要以自己的便利为准。"

以前乐乐一直非常排斥参加课外班，现在他意识到自己在数学学习上的确比较薄弱，所以他很积极地对妈妈说："那你和爸爸给我报名在书城的点吧，我对书城最熟悉，上完课还可以去书城里看看书。"妈妈当即答应了乐乐的请求，就这样，乐乐在课外班里学习状态非常好，也渐渐认识到自己需要查漏补缺的地方，因此才上了几次课班，他的数学成绩就有所提升。

很多父母在与孩子相处的时候都进入了一个误区，那就是他们只是给孩子雪上加霜或者锦上添花，而很少能够意识到在孩子遭遇失败或者挫折的时候父母是有责任和义务给孩子雪中送炭的。在这个事例中，面对乐乐考试成绩不好的事实，妈妈能够控制好自己的情绪，给乐乐雪中送炭，加油鼓劲，实属难得。

前段时间，南京的城区发生了一起高中生杀死妈妈的恶性事件，据说只是因为平日写作业而发生口角，才导致了恶性事件的发生。这样的事情，让每个知道的人都感到心情沉重。虽然这个孩子在冲动之下做出了弑母的恶行，但是，如果作为妈妈在亲子关系的主导地位上能够发挥更积极的作用，能够给予孩子安抚和鼓励，那么相信事情的结果就会不同。逝者已逝，我们不能指责逝者，活着的孩子也必将为此付出惨重的代价，但是对于这件事情的反思却不能停止。

亲子之间的悲剧之所以频繁发生，是因为父母和孩子都是有责任的。父母作为亲子关系的主导者，在这些事件发生的过程中占据着更为重要的作用。作为父母，不管多么生气，都不要激怒孩子，更不要让孩子失控。父母本身也应该保持理性，这样才能和孩子一起面对困难。孩子不管长到多大，只要他们还没有成年，就需要依赖父母。有些孩子虽然已经长得比父母更高，在精神上还是需要从父母那里汲取能量。在这种情况下，如果父母变成了一口枯井，甚至变成了一个黑洞，那么，孩子又如何能够得到滋养呢？

孩子面对生活的信心和勇气，绝大部分来自于父母，父母不仅需要满足孩子吃喝拉撒、衣食住行等基本的生理需求，也要满足孩子的情感需求，成为孩子精神上的支柱，这样孩子才能够更快乐地成长。

Day 5　按下暂停键，保持好情绪

对于情绪可以带来的巨大杀伤力，很多人都没有对此进行正确的认知和准确的预估。实际上，情绪失控带来的后果将是非常严重的。在现实生活中，很多小事情演变成为恶性事件，都与情绪失控密切相关。控制好情绪不管对于父母而言，还是对于孩子而言都至关重要。前段时间，武汉的一所中学里，一名14岁的中学生跳楼身亡，是因为他在学校里打牌，被老师通知了家长，妈妈到达学校之后就怒不可遏地在学校的走廊里

怒骂他，当着同学们的面扇他的耳光，掐他的脖子，把他的自尊心践踏得破碎了一地。在做完这些泄愤的举动后，妈妈并没有对他进行情绪疏导，就带着愤怒气和班主任一起离开了。在沉默了几分钟之后，这个孩子选择了从五楼一跃而下，最终身亡。有人说这是孩子对妈妈最狠的报复方式了。的确如此，对于孩子而言，虽然他已经14岁了，长得比妈妈更高，但是他能做什么呢？如果有一些孩子的情绪是对外的，那么他有可能会做出伤害妈妈的事，如果有些孩子情绪是对内的，那么他就会做出伤害自己的事情。这都是冲动的情绪惹的祸，正因为如此，人们才说冲动是魔鬼。

如果对情绪有一些了解，那么我们就会发现情绪就像洪流，有可能将我们淹没。如果在情绪的洪峰过境的时候，我们能够躲避到安全的地方，或者是按下暂停键，等到情绪的洪峰从我们的心中流过之后，我们再来看让我们情绪冲动的那些事情，就会发现这些事情并不像我们想象中那么严重。很多开车的老司机都知道一句口号，那就是宁停三分不抢一秒，这是告诉老司机在等红绿灯的时候不要抢过红灯，而是要耐心地等待绿灯亮起，再顺利地通过路口。面对情绪，我们也应该坚持这个原则，不要在情绪冲动的时候做出一些决定，也不要做出那些无可挽回的举动，而是应该给冲动的情绪按下暂停键，这样才能避免情绪继续恶化，也才能避免自己在冲动情绪的驱使下做出过激的举动。

也许有些朋友会说,哪里有暂停键呢,情绪又不是一个机器!但是当你认为你的情绪的确有暂停键,而且你主动地按下暂停键的时候,你会发现自己的情绪真的能够得到控制。只要能够控制,请自己不在情绪的洪峰上爆发,那么我们就能够避开情绪带来的恶果。所以不管是父母还是孩子,而学习控制情绪,养成控制情绪的良好习惯时,就是要学会按下暂停键。

按下情绪的暂停键,意味着我们不能在冲动的状态下做出任何举动,最好把自己的嘴巴也紧紧地闭起来,避免自己在冲动的情绪状态下口不择言地说出一些伤人的话。说出去的话就像泼出去的水,一旦说出去就不能收回,所以这些尖酸刻薄的话给别人带来的伤害也是无法挽回的。虽然人们更多地关注身体上的伤害,但是语言带来的杀伤力也是不容忽视的,有的时候在疯狂的情绪状态下,语言所产生的后果甚至是毁灭性的,语言也能杀人,这一点可不是耸人听闻。

在亲子相处的过程中,父母应该给孩子做好榜样。有些父母本身就是歇斯底里型的性格,常常会对孩子肆无忌惮地发泄怒气,这会给孩子造成负面影响,也会让孩子非常恐惧。明智的父母在孩子面前会保持理性,他们知道只有保持好情绪,才能与孩子更好地沟通。而一旦情绪失控,父母即使有再好的教育方法,也没有机会得以施展。

当父母为孩子树立了掌控情绪的好榜样,孩子受到父母潜移默化的影响,就不会经常处于情绪失控的状态。情绪失控

的状态是非常可怕的,这会让父母在孩子心目中变成魔鬼。孩子并没有成人的心智,也没有成人的理性,如果处于情绪失控的状态,后果将会更加严重。尤其是青春期的孩子,他们的身体已经发育到比成人更加强壮的程度,他们的力量也是非常强大的,因而作为亲子关系主导的父母在任何时候都不要刺激孩子,否则一旦酿成恶果,就会追悔莫及。

为了给情绪按下暂停键,父母们可以采取一些有效的措施。例如,当觉察到自己情绪冲动时,父母可以暂时离开孩子的身边,或者是让孩子离开自己的身边。总之,不要在情绪的颠峰上与孩子发生语言的强烈冲突。哪怕只有很短暂的时间,双方也会渐渐地恢复平静。也许只需要几分钟的时间,彼此之间的怒气就会消失大半，也就能够理性地思考问题。

父母还应该学会向孩子道歉。在家庭生活中，父母并不是绝对的权威，父母也是人，也会犯各种各样的错误，有些父母还会误解孩子。当父母确定自己的确委屈或者误解了孩子时，应该及时向孩子道歉，而不要以父母的权威压制孩子。孩子小的时候也许会对父母言听计从，但是随着不断成长，他们有了自己的思想意识，也有了自己的主见，所以他们不愿意再像以前一样对父母那么顺从。意识到情况发生了改变，父母要主动改变与孩子相处的方式方法，不再以强权压制孩子，而是能够真正地尊重和平等对待孩子，为孩子营造民主和谐的家庭氛围，这样父母在与孩子沟通的时候才会更顺畅，才能达到预期的目的。

Day 6　周末课程之七：恐惧是上古情绪

在很多养育男孩的家庭里，父母不约而同地对男孩提出了一个共同的要求，那就是希望男孩勇敢坚强，无所畏惧。但是这样的要求连父母自身都不能做到，又为何要对孩子提出来呢？有些父母己所不欲，偏偏要求孩子，当发现孩子表现出恐惧的情绪时，父母就会给孩子各种否定和打击，甚至给孩子贴上"胆小鬼"的负面标签。不得不说，这对孩子而言是很大的伤害。

曾经有心理学家指出，恐惧是上古情绪。远古时期，原始人生活的环境是非常恶劣的，他们没有固定的居所，缺衣少食，常常忍受自然灾害的侵袭，还要面对猛兽的伤害，所以他们每时每刻都处于恐惧的状态之中。从某些角度来看，恐惧情绪其实有利于人们进行自我保护。一个人如果从来不知道恐惧，那么他做事情的时候就会失去限度。恐惧可以使人保持紧张的心理状态，也使人更敏感更及时地觉察到危险的临近，在恐惧的提醒之下，人们能够更好地生存。

认识到恐惧情绪的本质之后，当孩子表现出恐惧情绪的时候，父母不要指责和训斥孩子，而应该认可和接纳孩子的恐惧情绪。父母即使不愿意承认孩子的恐惧的理由，孩子也依然会感到恐惧，而父母的否定、打击、嘲笑、讽刺只会让孩子受到更多的伤害。既然如此，还不如理解和体谅孩子，还能给孩子以安慰。孩子的心灵非常稚嫩，他们最信任的人就是父母，当他们对父母表达出自己的恐惧情绪时，他们渴望着得到父母的支持和帮助。父母一定要满足孩子的心理需求和情感需求，这样才能让孩子获得安全感，也建立亲密稳固的亲子关系。

很多父母常常抱怨孩子不知道他们的爱有多深，其实作为父母又何尝知道孩子对于他们有多么信任呢？作为父母，只有理解孩子对他们的感情，才能够给予孩子相应的回应。如果父母把孩子对自己的信任看得很淡很轻，那么他们就不会尊重这份信任，也就不会给予孩子恰到好处的回应。

一味地否定恐惧情绪，会让孩子在心理上受到伤害。如果孩子因为害怕被父母否定和批评就逃避恐惧情绪，那么这又会产生怎样的后果呢？这只会让孩子感到更恐惧。在心理学上有一种行为表现叫作习得性无助。如果孩子们总是遭到父母的批评和打击，他们就会选择放弃求助，一旦孩子陷入这样的习得性无助之中，他们在出现问题的时候就不会反馈给父母。对于父母而言，要想保护好孩子，就必须随时了解孩子的动态。如果父母对于孩子正在经历怎样的事情和正在感受怎样的恐惧毫无觉察，那么又如何能够给孩子提供支持和帮助呢？

父母要想真正帮助孩子战胜恐惧情绪，就要知道孩子恐惧的原因。有些孩子之所以恐惧，是因为他们正在面临着未知的事物，在这种情况下，父母可以陪伴孩子一起去探索真相，了解真相。有的孩子怕黑，他们觉得黑暗中隐藏着怪物，父母总是安抚孩子是没有用处的，与其如此，还不如打开灯，让孩子看到黑暗中和白天一样依然摆放着那些家具或者是孩子熟悉的东西，而并没有任何怪物到来，这样，时间长了孩子就不会再感到恐惧了。

从心理治疗的角度来说，也可以对孩子进行脱敏疗法。如果孩子因为曾经溺水而特别害怕水，对水产生了深深的恐惧，那么父母可以带着孩子尝试着走入水中，可以亲自教会孩子游泳。当孩子感受到在水中自由游弋的畅快感觉时，他们就不会再对水恐惧了。这种脱敏疗法使孩子能够直面他们恐惧的事物，效果是非常显著的。但是在使用这种方法帮助孩子消除恐

惧的时候，父母要把握合适的限度，也要把握合适的时机，而不要强求孩子，更不要威胁孩子必须面对令他们恐惧的事物，否则只会适得其反。

Day 7　周末课程之八：冲动是魔鬼

冲动是一种非常可怕的心理状态，在冲动的状态下，人们会做出一些失控的事情，而有些事情引起的后果是不可逆转的，这就使得冲动的后果往往是让人不可承受的。有些人在冲动的状态下做出了犯罪的行为，但法律并不会因此免除他的罪责；有一些人在冲动的状态下做出了伤害自己的举动，甚至使自己失去了宝贵的生命，但是生命只有一次机会，对于任何人而言都是不可重来的；还有些人因为冲动而做出让自己懊悔的举动，例如伤害他人，或是结束了与某个人之间的关系，或是丢掉了自己最珍贵的物品，这些行为都会在自己的心里留下遗憾。既然冲动的后果如此严重，我们就一定要控制好情绪，不要被冲动这个魔鬼抓住。

在某一年的初春，上海的卢浦大桥上发生了一起悲剧。当时已经是深夜十点多钟了，路灯闪烁，大桥上却车流穿梭，车流很大。这个时候，一辆车突然停在马路中间，打起了双闪，车里的人不知道在做什么。片刻之后，一位妈妈从驾驶座上走下来，拉开了后座的车门，对着坐在后座的儿子说了一些话。说完话之后，妈妈就回到前面的驾驶座上，但是却没有马上驾车离开。在这极其短暂的时间里，无人知晓车里发生了什么，但是很快，监控中的画面显示，那个坐在后座的高中男孩打开了后车门，从川流不息的车流中横穿马路，扑到桥边纵身跃下。妈妈发现孩子下车之后马上跟在孩子身后追赶，她的指尖仿佛已经触到了孩子的衣角，但是她终究还是没有抓住孩子。她眼睁睁地看着孩子坠落桥底，忍不住跪在地上捶胸痛哭。最终，这个男孩失去了宝贵的生命，他的家庭也因此而承受着永远无法抚平的创伤。

后来通过网络上的新闻得知，这个男孩是因为在学校里与同学之间发生了矛盾,所以妈妈才去学校接他回家。在一路上,妈妈不知道和男孩进行了怎样的沟通,有一点是可以肯定的,那就是他们之间一定发生了不愉快,所以妈妈才会冲动地把车停在车辆川流不息的大桥上。其实妈妈这个举动本身就意味着妈妈的情绪已经失控,因为当时桥面上的车流量很大,即使打起双闪,也很有可能被后面的车追尾。妈妈这个举动给孩子释放了一个很强烈的信号,就是生死在此刻都变得无关紧要。可想而知,在妈妈做出这样冲动的举动时,她会对孩子说出怎样的话,也可想而知,孩子又是因为受到了怎样的语言刺激,才会打开车门冒着被车撞翻撞飞的危险奔到桥边一跃而下。无论事情的真相到底是怎样的,这个结果都已经无法挽回了。

妈妈和孩子的冲动酿成了这起悲剧,如果他们之中有任何一个人能够控制自己的情绪,这样的悲剧就不会发生。冲动的情绪就像浪潮一样,如果冲动的情绪只爆发了一次,也许并不会导致如此严重的后果。青少年犯罪心理学专家李玫瑾教授说过,最可怕的是,冲动的情绪一波接着一波地袭来,使情绪不断积累,最终到达一个无法控制的巅峰。在卢浦大桥的这起跳桥事件中,我们就可以看到冲动情绪的积累。先是妈妈冲动地把车停在桥面上,这是第一次冲动;接着是妈妈打开后座的门对着孩子发泄情绪,这是第二次冲动;最后孩子打开车门从桥上一跃而下,这是第三次冲动,也是冲动的高潮。

曾经有心理学家经过研究发现,愤怒会使人的智商瞬间降

低。冲动是比愤怒更为严重的情绪状态，如果说愤怒只是单纯地生气，那么冲动则是在情绪的驱使下做出一些举动。冲动往往会带来实质性的伤害，有些人因为极端的愤怒还会导致身体突发疾病，例如患有心脏病的人一旦愤怒，就有可能因为心脏病发作而失去生命，但是那些冲动的人却会因为怒气而做出一些举动，这些举动或者是对内的，即针对自己的，或者是对外的，也就是针对他人的。冲动之举一旦做出就无法挽回，结果令人扼腕叹息。

要想让孩子形成自律的习惯，父母就要学会控制自己的情绪，给孩子树立控制情绪的榜样，从而帮助孩子也学会控制情绪。在亲子教育中，父母与孩子之间难免会发生一些矛盾和争执，只有彼此都保持冷静，才能圆满地解决问题。

参考文献

[1] 艾格里奇.养育男孩（母亲版）[M].刘海静，译.北京：九州出版社，2018.

[2] 朱凌.自律的孩子更成功[M].北京：中国经济出版社，2019.

[3] 比达尔夫.养育女孩[M].钟煜，译.北京：中信出版社，2020.